SOUVENIRS

DE

SOIXANTE ANS

SOUVENIRS

DE

SOIXANTE ANS

COMTE JOSEPH DE VILLENEUVE-BARGEMON

BOIS-LE-ROY — 1854

PARIS

IMPRIMERIE SIMON RAÇON ET COMPAGNIE

RUE D'ERFURTH, 1

1870

SOUVENIRS

— 1854 —

Lorsqu'on est arrivé à la fin de sa carrière, lorsque, isolé au milieu d'un monde renouvelé, le présent n'est plus pour le vieillard qu'une séparation de tout ce qu'il a aimé sur cette terre, et l'avenir la perspective d'un peu plus ou un peu moins d'infirmités, il aime à revenir sur le passé et à chercher dans ses souvenirs une diversion à ses tristes pensées et quelques traces des jouissances de sa jeunesse, qu'il ne peut désormais plus ressentir.

Ce sentiment me porte à écrire ces pages, amusement de mon oisiveté ; je les trace à la fin de ma vie et bien près peut-être du moment où va en commencer une autre pour laquelle j'implore humblement miséricorde du Créateur de toutes choses, plein de confiance dans sa bonté.

En revenant sur les longues années qui se sont écoulées depuis l'âge de raison, je ne me rappelle pas d'avoir fait sciemment du mal à personne et je n'ai de haine pour personne ; j'espère que, lorsque le grand moment sera arrivé, je verrai la mort sans trembler.

1

J'ai vécu plus longtemps que la plupart des hommes, je n'ai jusqu'ici eu aucune infirmité grave, je jouis depuis mon mariage du bonheur domestique le plus parfait et d'une fortune sur laquelle je ne devais pas compter, et je remercie la Providence de m'avoir donné tous les biens auxquels un honnête homme puisse prétendre; la séparation de ma compagne chérie et de mes chers enfants est en ce moment le seul objet de mon épouvante, mais j'ai l'espoir que nous nous retrouverons dans la vie éternelle pour ne plus nous quitter et chanter ensemble les louanges de Dieu.

Ce radotage ne doit être lu de personne. S'il tombait sous les yeux de quelque arrière-neveu, il y verra que la génération à laquelle j'appartiens n'a pas été élevée avec les jouissances et les moyens d'instruction qu'on prodigue à celle d'aujourd'hui; mais il trouvera en même temps dans l'histoire de ma vie qu'avec du bon sens et de l'ordre on peut se faire une place honorable dans la société, lors même qu'on n'est doué que d'un esprit très-médiocre et qu'on a manqué d'une éducation première. Après avoir passé ma jeunesse dans une position très-gênée, je me suis trouvé dans des positions brillantes que j'ai remplies convenablement, mais avec la pensée constante de m'assurer un avenir. J'ai perdu ma carrière à quarante-huit ans, et grâce à mes prévisions je jouis dans ma vieillesse d'une fortune suffisante à nos besoins et acquise honorablement.

Je suis né le 9 janvier 1782, au château de Bargemon en Provence, le cinquième enfant et le quatrième garçon d'une lignée qui devait plus que doubler avec les années. A cette époque, la venue d'un enfant mâle dans une famille était un événement heureux, car c'était un être qui ne pouvait être à charge à ses parents et j'ai ouï conter que le poëte du lieu, jouant sur la date de ma naissance, complimenta madame la marquise d'être accouchée d'un œuf[1].

[1] Du 9.

Mes plus anciens souvenirs, ceux de mes premières années, derniers temps de la féodalité, sont le costume que je portais à huit ans : savoir : habit habillé avec une petite épée collée avec de la gomme dans le fourreau, les culottes courtes, bas de soie, et coiffé avec de la pommade et force poudre, et l'exactitude avec laquelle j'allais dans ce costume recevoir l'encens à la messe et assister aux bravades de la Saint-Étienne, patron du pays[1].

La vie de la noblesse de province était partout la même ; trop peu riche pour parvenir à la cour, elle restait dans ses châteaux, maugréant contre les faveurs accordées à des courtisans comptant plusieurs quartiers de moins qu'eux, et parvenus souvent à cette époque par des intrigues ou le crédit d'une maîtresse. L'aîné de la famille, à qui la presque totalité de la fortune était substituée, se mariait après avoir servi pendant quelques années, et venait habiter le château paternel ; il y faisait souche et procréait généralement beaucoup d'enfants. Les filles restaient au couvent où elles avaient été enfermées dès leur enfance, se mariaient quelquefois, et souvent grossissaient le nombre des tantes, sorte d'êtres dont le souvenir se perd, et qui passaient leur vie à aider la maîtresse du logis dans les soins du linge et du ménage, et auxquels on doit les grands fauteuils de tapisserie qu'on voyait autrefois dans les grandes salles des manoirs. Les garçons cadets étaient en naissant destinés à être d'épée, d'Église ou chevaliers de Malte, et ils prenaient en quittant la robe d'enfance le titre d'abbé ou de chevalier ; on payait le passage à Malte en faisant ses preuves ; on obtenait facilement une sous-lieutenance ou

[1] Les bravades étaient un reste de l'ancienne milice qui se réunissait, en uniforme et en armes, à la procession du pays. A chaque station du saint sacrement, on le saluait d'une décharge générale ; et, comme on rivalisait à qui ferait le plus de bruit, il arrivait souvent des accidents par l'excès de la charge du mousquet. L'usage de la bravade était général dans les villages de Provence et allait de pair avec les *chivaux frus*, sortes de centaures qui caracolaient devant l'officiant.

on en achetait une (les nobles seuls pouvant entrer officiers). Les
abbés de bonne maison obtenaient de bonne heure un bénéfice, et
moyennant 5,000 francs environ on avait assuré l'état d'un cadet.

Après avoir reçu un commencement d'éducation au château paternel, les jeunes gens partaient de bonne heure : les futurs abbés
pour le séminaire, les officiers en herbe pour l'École militaire, d'où
ils sortaient avec l'épaulette et une modeste pension de famille ; on
envoyait les chevaliers à Malte, où ils faisaient leurs caravanes, et
venaient ensuite servir dans les armées de terre et de mer (car ils ne
trouvaient dans l'ordre que le vivre et le couvert), espérant toujours
une commanderie, qui était une source de richesse pour une famille,
mais qu'on obtenait difficilement. Cette portion de la noblesse, dé-
pourvue de toute propriété, vivait de cette existence qu'on ne connaît
plus maintenant, et chacun des membres qui la composaient, étant
destiné à vivre dans la société, rivalisait de politesse et de ce qu'on
nommait alors science du monde, réunion de tous les talents de société, de fine conversation, de galanterie et de ces mille petits riens
que l'on dédaigne maintenant, mais qui faisaient le charme d'une société d'élite. La longue paix faisait de la vie de garnison l'état ordinaire des officiers ; elle était égayée par leur admission dans les
châteaux et dans les maisons considérables, où ils rivalisaient d'ama-
bilité pour être bien accueillis et distingués, et tout pauvres qu'étaient
les cadets, ils vivaient d'une vie riche et presque sans privation, car
la principale de toutes est d'être au-dessous de sa position, et de ne
pouvoir faire ce que font ses égaux. Comme la naissance tenait alors le
rang principal dans la société, et qu'à vrai dire le luxe d'une maison
de province était d'avoir une bonne table, de réunir beaucoup de
monde, d'y jouer, danser, etc., celui qui prenait sa part de ces divertissements matériels en jouissait autant et souvent davantage que celui qui en faisait les frais. Aujourd'hui que la fortune est tout et que

c'est au taux de ses revenus qu'on accorde la considération; que la vie est devenue plus chère et plus sérieuse, il est évident qu'un pauvre sous-lieutenant ferait une triste figure au milieu de gens n'ayant d'autre conversation que l'argent, et aux yeux desquels le plus riche est le plus noble; mais chaque époque a ses mœurs, et au temps dont je parle, la condition des gentilshommes pauvres était plus supportable qu'on ne le croit généralement. Après trente ans de service qui leur avaient valu la croix de Saint-Louis[1] et 600 francs de retraite, les cadets se retiraient ordinairement dans le château de leur aîné et devenaient *mon oncle chevalier*, honorés du public, écoutés de leurs neveux, auxquels ils racontaient leur vie, et ils mouraient en laissant à leur frère leur légitime.

Les canonicats étaient bien rétribués, et comme on pouvait chanter les louanges de Dieu à tout âge, MM. les abbés revenaient rarement mourir au château paternel.

La société telle que je viens de la décrire paraîtra une chose monstrueuse à nos neveux, et on s'écriera contre l'injustice de sacrifier tout à l'aîné et de forcer au célibat tout le reste de la famille. Ces sentiments sont fort naturels, mais une société ne peut avoir d'autres bases solides que celles-là, et la propriété ne pouvait en avoir d'autres. Nous voyons où nous a menés et où nous mènera infailliblement le partage incessant des fortunes; on s'exagère d'ailleurs le sort des cadets qui, privés en naissant de leur part dans la fortune paternelle, se soumettaient sans regret à la loi commune et préféraient pour la plupart une vie entourée de considération et de toutes les jouissances de

---

[1] En parlant du respect dû à la croix de Saint-Louis, il faut se rappeler le mot de Louis XIV, qui accordait 1.200 liv. de pension à un pauvre officier : « J'aimerais bien mieux la croix, Sire, répondit celui-ci. — Ah! *je le crois bien*, » répondit le grand monarque.

Napoléon avait essayé de donner la même importance à la Légion d'honneur, et il y serait parvenu peut-être; mais c'est une monnaie sans valeur maintenant, et c'est un grand malheur.

la société, à celle que menait leur aîné dans leur château de province ;
le respect qui les attendait dans leur patrie à la vue de la croix de
Saint-Louis était une chose précieuse dans ce temps-là et consolait de
beaucoup de privations. Au point où étaient arrivés les esprits en 1789,
il était impossible que la noblesse conservât tous ses priviléges, mais il
faut convenir que tous, même la non-participation aux charges de l'impôt, avaient été originairement concédés à une classe vouée entièrement à la défense de l'État et du trône, et qui, ne pouvant par conséquent augmenter ou entretenir sa fortune, méritait bien qu'on pour-
vût à son sort. Sans doute ces faveurs avaient avec la civilisation pris
le caractère d'abus, et il y avait beaucoup de réformes à faire. Faute
de les avoir adoptées à temps, la noblesse entière a été emportée dans
le tourbillon, et cette classe, la plus élevée de la nation, se trouvera
forcément dans un temps donné la plus abaissée, car un reste de souvenir de ce que fut sa famille empêche un gentilhomme de faire de ses
enfants des négociants, des avocats, des procureurs, ni des gagneurs
d'argent d'aucune espèce ; on accepte encore par habitude des places
dans l'armée, plus onéreuses que lucratives, et pour lesquelles nos
enfants se trouvent en concurrence avec les fils de nos portiers ; le partage des fortunes va son train et il est évident que l'ancienne race no-
biliaire sera, dans quelques générations, la classe la plus pauvre de la
nation et partant la moins considérée dans un pays où l'argent est
tout.

Mon père en sa qualité d'aîné aurait dû servir ; je ne sais quelle
circonstance l'en empêcha, et il se maria à vingt-sept ans à mademoiselle de Bausset-Roquefort, qui n'avait que seize ans et qui sortit pour la
première fois du couvent le jour de ses noces. Mon père était un fort
bel homme, froid et réservé et d'un esprit peu étendu ; il était assez bon
musicien, savait par cœur des tragédies de Racine et jouait tous les
jeux ; il était peu démonstratif avec ses enfants, ce qui était assez géné-

ral alors. Je ne crois pas qu'il m'ait jamais embrassé ; du reste, l'honnête homme par excellence, occupé de sa famille et qui, voué par état à l'oisiveté et à l'habitation d'un village, avait cherché à s'arranger de cette existence. Ma mère, trésor de tendresse et de dévouement, était tout occupée des soins de sa maternité qui avait commencé neuf mois après son mariage ; c'était sa vie et elle n'en désirait pas d'autre. Il fallait la voir, dans nos voyages périodiques de château en château, assise sur la selle à reins d'une jument de labour, surveiller dans des chemins affreux la marche de son troupeau placé deux par deux dans les paniers d'un mulet, genre de voyage usité alors et qui m'a laissé d'horribles souvenirs par la peur que j'éprouvais toutes les fois, que notre monture, suivant des sentiers bordés de précipices, mettait mon panier perpendiculairement sur l'abîme ; chaque monture avait un paysan pour conducteur et il avait soin d'égaliser avec une pierre la pesanteur spécifique de chaque panier.

Ma mère avait pour l'aider dans les soins de son ménage une femme de chambre comme on n'en voit plus ; bonne Marion, elle nous avait tous élevés et nous aimait bien tendrement, quoiqu'elle nous grondât beaucoup ! Le dévouement de cette excellente femme ne s'est jamais démenti dans les orages de la révolution, et elle est morte dans la maison, regrettée comme quelqu'un de la famille.

Mes parents habitaient l'hiver la ville de Grasse et l'été la terre de Saint-Auban, située dans la haute Provence, ou une jolie campagne au bas du village de Bargemon. Le château était habité par mon grand-père, type du gentilhomme campagnard, digne de figurer dans les romans de Walter Scott. Après avoir servi dans la marine assez longtemps pour avoir eu la croix de Saint-Louis, le baron de Vauclauze (c'était le nom que portait mon aïeul, d'une vieille baronnie de famille) s'était retiré dans son château, s'y était marié à mademoiselle de Lombard-Gourdon et avait eu sept enfants : trois filles mariées, l'une à M. de Juigné, l'autre à M. de Gars et la troisième à M. d'Aincsy. Des trois fils, outre mon père, l'un servait dans le régiment de Royal-Roussillon, les deux autres étaient chanoines à Saint-Sauveur d'Aix et Saint-Victor de Marseille ; mon grand-père vivait seul, en proie à un intendant chargé de faire rentrer les droits féodaux. Comme il n'avait pas quitté sa terre depuis sa sortie du service, mon grand-père avait fini par se persuader, comme le baron de Thundertentronckh de *Candide*, que son château était le plus beau et le plus agréable des châteaux. Dès qu'il y avait à vendre une maison quelconque dans son voisinage, il l'achetait, perçait une communication, et décorait du nom d'appartement les chambres du logis, si bien qu'il se vantait d'avoir quarante chambres de maître. Son goût pour les glaces lui avait littéralement fait tapisser les appartements de réception de petits miroirs ; il y en avait partout, sur les murs, et ces milliers de reproductions faisaient l'effet le plus singulier. Singulièrement jaloux de ses droits féodaux, M. le baron était sans cesse en procès avec les consuls qui avaient fait la révérence trop courte ou différé la visite due à chaque nembre de la famille, ou avec le curé qni avait négligé d'offrir l'encens. Sourd comme on l'est rarement, mon grand-père passait son temps à lire des livres sérieux. Il avait une bonne bibliothèque et était fort instruit, vivant du reste noblement mais simplement et ne quittant son habit gris à boutons d'or que pour aller aux états de Provence. Nous avions grand'peur de M. le baron et n'allions dîner au château que lorsque nous y étions invités.

En 1789, époque où j'avais huit ans, les habitudes nobiliaires étaient dans toute leur vigueur en Provence ; mes deux frères aînés étaient au service, le troisième devait être abbé et je fus destiné à Malte. Trois nouveaux frères avaient suivi ma naissance, si bien que nous étions cinq garçons dans la maison qu'il fallait dégrossir ; on indiqua à mon père un jeune ecclésiastique (l'abbé Cat), qui, en attendant la prêtrise, faisait des éducations comme beaucoup de ses pareils. Cet excellent abbé ne savait pas grand'chose et jouait plus avec nous qu'il ne nous faisait travailler; cependant si je n'eusse pas été si paresseux, j'aurais pu apprendre de lui le latin, seule chose qu'on apprît alors. L'abbé, qui n'enseignait qu'en attendant, ne mettait pas grand intérêt à nos progrès; mon père, toujours froid pour nous, soit qu'il considérât cette première éducation comme de peu d'importance, soit qu'il ne voulût pas en prendre la peine, ne s'informait jamais de nos progrès; et mon excellente mère, tout entière aux soins physiques, ne s'occupait que de notre santé, et en somme notre éducation était extrêmement négligée.

La révolution cependant avançait à grands pas, l'Assemblée constituante démolissait l'ancienne constitution de la France pour en faire une autre, et chaque courrier apportait quelque atteinte aux droits de la noblesse, toujours saluée par les acclamations de la bourgeoisie du village. Je me souviens encore de la tristesse de mes parents, lorsqu'ils apprenaient quelque diminution de fortune, soit par la suppression des redevances, des cens, et d'autres droits féodaux qui composaient en grande partie la richesse de la noblesse de province, étrangère aux grâces de la cour; hélas! cette vie de château naguère si calme, si uniforme, qui se composait de soins matériels et du plaisir de recevoir une fois par mois le *Mercure de France*, dont le mot de l'énigme était une grande affaire, de chercher dans la gazette le nom des personnes montées dans les carrosses du roi et de jouer le reste du temps, allait être incessamment préoccupée par les conjectures retournées dans tous les sens sur les progrès et les résultats possibles de la révolution et par les symptômes d'émotion qui se manifestaient autour des châteaux. Je me souviendrai toute ma vie de ce jour où la garde nationale s'organisa comme par enchantement dans toute la France; c'était le 5 août 1789, fête patronale de Barge-mon; nous étions sur la place à regarder les danses au tambourin, lorsqu'un individu accourt tout essoufflé, annonçant qu'une troupe de brigands venait, mettant tout à feu et à sang; on les avait vus à Callas, à Claviers, ils allaient arriver sous peu d'heures pour saccager le pays. Chacun courut aux armes aussitôt et en quelques moments la garde nationale fut organisée, et on sait les conséquences de l'armement. En se reportant sur cette fatale époque, on ne peut s'empêcher de reconnaître l'habileté audacieuse de Mirabeau qui, voulant armer et agiter le peuple, sut propager une panique générale au même moment dans toute la France.

Depuis cette secousse, la position de mes parents devint chaque jour plus cruelle, l'émigration commença et la noblesse de Provence, si voisine de la frontière, s'empressa de passer le Var et de se réunir à Nice, d'où l'on adressait des reproches aux retardataires. Mon père aurait bien voulu suivre l'exemple que lui donnaient ses pairs, car outre un point d'honneur mal placé peut-être, il y avait une grande sécurité à échapper aux griffes des révolutionnaires. Mais nous étions alors dix enfants au château, dont un à la mamelle de ma mère, qui nous a tous nourris; mon grand-père avait près de quatre-vingts ans; comment faire arriver en terre étrangère, par des chemins où on ne pouvait voyager qu'à dos de mulets, une aussi nombreuse famille, et quels moyens de réunir assez d'argent pour la faire subsister? Un départ qui ne pouvait être que public entraînait les plus grands dangers de la part des populations ameutées contre l'émigration, et c'était se dévouer à un grand péril probable et à une misère certaine. Donc, après bien des incertitudes, mon père se décida à rester chez lui, sans se dissimuler combien sa position était précaire.

Mon grand-père, je l'ai dit, habitait le château de Bargemon et nous une campagne à un quart de lieue; un jour, on se porta au château et, après une horrible émeute, le respectable vieillard fut saisi au collet et sommé de restituer les droits féodaux par des furieux qui menacèrent sa vie et mirent en fuite l'intendant, à qui on en voulait particulièrement. Après cette effroyable sédition, dont nous avions eu les éclaboussures au Reclos, mon malheureux aïeul pria mon père et ma mère de venir vivre avec lui pour souffrir ensemble les malheurs que le ciel nous destinait. Mon frère Ferdinand, quittant la marine, était venu grossir le nombre d'enfants, et nous vînmes, mon père, ma mère, l'abbé Cat et dix enfants dont sept garçons, nous établir dans ce grand château de Bargemon ; il n'y avait d'absent que mon frère aîné qui, après avoir quitté son régiment, était entré dans la garde constitutionnelle du roi. Ma mère nous casa tous dans une espèce de dortoir présidé par la bonne Marion ; on nous abandonna une grande salle meublée de haute lisse avec de grands fauteuils de cuir et de grands portraits de famille appendus aux murailles ; enfin on installa la classe dans un cabinet situé tout en haut de la maison, où il n'y avait pas de feu (car alors on n'en faisait que dans la chambre de ma mère). Une fois chacun installé, la vie s'arrangea méthodiquement ; le matin en nous levant, après les ablutions strictement nécessaires, ma mère aidée de Marion nous peignait, pommadait, poudrait, sans oublier de faire notre queue. Nous allions alors souhaiter le bonjour au grand-père, que nous trouvions ordinairement déjeunant avec du café, où il délayait un jaune d'œuf dans une grande tasse d'argent, et qui nous accueillait régulièrement par un : « Bonjour, petits messieurs ! » De là, nous nous rendions chez ma mère, qui était déjà venue présider à notre toilette, nous y faisions un déjeuner frugal et nous montions au cabinet de classe, où M. l'abbé dictait des thèmes et des versions, et nous expliquait les quatre règles d'arithmétique. Cela nous menait jusqu'au dîner ; à midi, dîner composé de bouilli de mouton, un autre plat de viande, des légumes grossiers, et beaucoup de figues fraîches ou sèches ; au dernier morceau, nous nous précipitions à la promenade en dévalant à grand bruit par un long escalier que nous appelions l'échelle de Jacob, route abrégée pour gagner la campagne sans traverser le village, si mal disposé pour nous. On goûtait, et au retour de la promenade, on rentrait en classe jusqu'à huit heures, heure du souper. Le soir, nous jouions dans la salle, ou nous nous groupions auprès d'un maigre feu, et notre père nous racontait les circonstances de son unique voyage de Paris, où le dîner du roi et les filous jouaient un grand rôle. A dix heures on allait se coucher pour recommencer le lendemain.

Les heures de travail étaient assurément bien suffisantes si elles avaient été bien employées, mais M. l'abbé aimait mieux faire la partie de boston que sa classe, et il en résultait que lorsqu'il était sorti, le temps se passait le plus souvent à jouer ou à nous battre qu'à étudier la leçon qu'on nous avait tracée.

J'ai dit que j'étais un assez mauvais écolier, et je dois ajouter que j'étais un désagréable enfant; long, anguleux, dégingandé et juché sur de longues jambes mal attachées; ma figure pâle et couverte de boutons faisait contraste avec les visages frais et riants de mes frères; aussi des plaisanteries incessantes, le surnom de Nicodème blême, et des farces que je n'avais pas le courage de réprimer, me rendaient souvent bien malheureux. Au moral, je n'étais pas dénué d'intelligence, mais une timidité excessive augmentait ma gaucherie habituelle et me faisait répondre de travers dès que j'étais devant une personne étrangère; je comprenais que j'avais dit une bêtise et j'étais comme celui qui n'avait d'esprit que sur l'escalier; ma bonne mère était aussi tendre pour moi que pour ses autres enfants, mais elle ne pouvait empêcher les vexations de la récréation. La famille s'était augmentée, bien heureusement pour nous enfants, de mon frère aîné, qui, après avoir servi dans le Royal-Roussillon et la garde du roi, s'était caché à Versailles après le 10 août et y avait épousé une demoiselle sans fortune; n'ayant plus d'avenir ni de ressources, il

était venu chercher refuge sous le toit paternel. Lui et notre second
aîné retiré de la marine avaient reçu une bonne éducation et vu le
monde, et ils nous furent d'une immense ressource pour nous donner
une teinture des arts d'agrément. Christophe était bon musicien,
dessinait bien, et il organisa un atelier. Ferdinand dansait bien, faisait des armes et était assez bon littérateur. Mon père nous faisait
solfier et racler du violon et, pour surcroît de joie, il fit disposer un
théâtre où nous jouions la comédie, à la grande stupéfaction du public,
et à la grande amélioration de notre intelligence. La classe allait
cahin caha. En somme, notre vie d'enfant, dépouillée de la préoccupation de l'avenir, était assez heureuse à cette époque, et j'en ai gardé
un doux souvenir; peut-être même l'extrême union qui a constamment
régné entre nous prend-elle son origine dans ce temps de vie commune
si prolongé.

Cependant les fureurs révolutionnaires allaient croissant et l'orage
grondait sur nos têtes; le péché originel d'aristocratie nous mettait
en butte à toutes les petites vexations que nos ci-devant vassaux pouvaient
imaginer. Le principal ornement du château de Bargemon était une
grande terrasse au midi, élevée à plus de cent pieds au-dessus d'un
grand jardin, que mon grand-père avait ornée, d'une superbe plantation
de cyprès, et qui formait notre promenade habituelle. Un beau jour, le
peuple se rua sur ce jardin, coupa, sous prétexte de féodalité, les
pauvres arbres qui n'en pouvaient mais, et fit de cette propriété
une place publique. Une autre fois, on viola les tombeaux de famille
pour y chercher du salpêtre, et on força ma sœur, belle jeune
personne, à se mêler aux femmes qui charriaient les ossements. A tout
instant nous voyions entrer des farandoles, genre de danse fort à la mode
alors, qui envahissaient la maison en chantant : *Ça ira ! à la lanterne,
les aristocrates !* Mon père et ma mère ne sortaient plus de peur d'être
insultés, et lorsque nous traversions tous la place publique au retour

de nos promenades, nous étions poursuivis par les huées des polissons.
A la moindre accusation de recel d'émigrés ou d'armes de guerre,
nous subissions des visites domiciliaires, souvent même pendant la
nuit; enfin mon père fut deux fois obligé de se sauver par une porte
dérobée pendant que l'émeute assiégeait la porte de la cour, en profé-
rant des cris de mort qui avaient été suivis d'effet à Draguignan et
dans d'autres villages. Un jour, les révolutionnaires en vinrent jusqu'à
mettre de la poudre sous la porte bien barricadée, et les cris de
mort furent tels que nous crûmes notre dernier moment arrivé; et
j'entends encore notre bonne en pleurs nous faisant mettre en prières
parce qu'on allait nous précipiter de la terrasse. Je confesse n'avoir
jamais prié de si bon cœur. Un arrêté du district séquestra tous nos
biens comme parents d'émigrés, et notre position devint extrêmement
fâcheuse, car mon père n'avait plus de revenu et se faisait vivre au moyen
des récoltes dernières qui étaient restées aux greniers. Mon grand-
père, ma mère, M. l'abbé, qui s'était dévoué à nous, et douze enfants,
nous étions habillés comme des paysans et coiffés d'un bonnet de
peau de mouton, de souliers ferrés, et j'entendais souvent ma mère
gémir de la crainte de ne pouvoir renouveler ces grossiers vêtements.
La perspective de l'avenir était devenue tellement sombre, que mes
pauvres parents en étaient arrivés à penser qu'il deviendrait nécessaire
un jour de vivre du travail de nos mains et à discuter entre eux le
plus ou moins d'aptitude de chacun de nous pour les métiers les plus
vulgaires.

Une de mes occupations du soir était de lire le journal à mon
grand-père, dont la surdité devenue extrême et l'occupation de ses
livres, sur les marges desquels il consignait ses observations, avaient
empêché de bien comprendre la révolution. Je lisais donc de ma voix
la plus forte la feuille de chaque jour, avec l'injonction de mitiger les
jurements du *Père Duchêne*, qui étaient toujours rapportés dans leur

brutalité, et de passer la liste des condamnés à mort, dans laquelle
nous trouvions souvent le nom de parents ou amis. L'ordre arriva
de nous garder à vue dans le château, ce qui était bien près du tribunal révolutionnaire, et notre position devint affreuse. A cette époque, il passait sans cesse des représentants du peuple en mission, et
c'était à Robespierre le jeune et à Ricord que le département du Var
avait été assigné. Mon malheureux père, à bout de voies et pressé par
le besoin, se décida à s'adresser à ces hommes dont le nom seul faisait trembler, pour obtenir la restitution de ses biens, et il obtint la
permission d'arriver jusqu'à eux ; c'était un parti dangereux, car la
seule chance de salut, dans cette cruelle époque, était d'être oublié.
Les adieux furent déchirants et ma mère fit avec nous des prières pour
le succès de cette périlleuse tentative. Mon père admis devant Robespierre présenta sa requête avec simplicité et s'attendait aux imprécations habituelles contre la noblesse et les nobles, lorsque le représentant lui demanda : « *Citoyen Villeneuve, aimes-tu la République ? —*
Marchand qui perd ne peut pas rire, répondit mon père ; la révolution
m'a enlevé ma fortune, l'état de mes enfants, et si je te disais, citoyen,
que j'aime la révolution, tu ne me croirais pas ; mais je suis un bon
citoyen qui ne fais et ne ferai jamais rien contre la république. — Ta
franchise me plaît, répondit Robespierre ; si tu m'avais dit le contraire,
je ne t'aurais pas cru et t'aurais fait incarcérer ; retourne chez toi,
je vais donner des ordres pour que le séquestre de tes biens soit
levé. »

On peut juger de la joie du solliciteur, et son retour fut d'autant
plus heureux que le renom d'avoir été bien traité par Robespierre diminuait l'audace des tyrans du village.

A cette époque, toute trace de religion était détruite à l'extérieur ;
l'église principale du bourg avait été transformée en club, on jouait
la comédie dans une autre, et il eût été dangereux pour les prêtres

de faire quelque acte du sacerdoce. Cependant l'âge était venu pour
mon frère Paul et pour moi de faire notre première communion, et
ma mère en avait le plus violent désir. Notre instruction religieuse
était fort négligée, et M. l'abbé, qui avait un peu oublié sa profession,
jouait trop souvent avec nous pour entreprendre avec efficacité une
étude aussi sacrée. On trouva un vieux moine caché à la campagne
qui voulut bien nous préparer dans quelques courtes séances et nous
donner l'hostie sainte ; il fallait pour cela faire mille détours dans les
champs pour éviter d'être soupçonné de la criminelle action de faire
entrer deux jeunes gens dans le sein de Dieu, et je puis dire que ce
n'est pas sans peine que j'ai été admis dans la communion des fidèles.
On vivait au jour le jour, laissant au hasard le soin de pourvoir
aux besoins d'une existence si mal assurée et il était difficile que de
telles circonstances fissent des chrétiens fervents. Les jeunes hommes
de maintenant, qui vivent au sein de l'ordre et de la civilisation,
peuvent difficilement comprendre qu'il fut un temps où généralement tout en fait d'institutions civiles et religieuses était radica-
lement détruit ; il n'existait plus de culte extérieur et ses édifices
étaient démolis ou affectés à un autre usage. Les colléges avaient été
emportés dans la tourmente révolutionnaire ; point d'administration
proprement dite, point de commerce ; les lois applicables aux négociants sous le titre d'accapareurs, et les lois du maximum interdi-
saient toute espèce de spéculation ; les assignats d'ailleurs, qui dimi-
nuaient chaque jour de valeur (et dont la planche était à la disposition des brigands qui régissaient notre pauvre France, à un tel point
que j'ai payé deux ans après 36,000, représentant 20 francs, une
paire de bottes) étaient là pour attester l'état des finances ; les routes
étaient abandonnées et infestées de brigands ; enfin la mort, toujours
la mort, sous toutes les formes, était la seule perspective de tout ce
qu'il y avait d'honnête en France. Cet état de choses, qui paraît im-

possible n'était pas comme la révolution de 1848 une surprise annonçant, par son absurde déraison, l'impossibilité de sa durée ; c'était bel
et bien une révolution générale nourrie par la haine qu'on portait
à la noblesse et au clergé et assise sur la vente des biens d'émigrés.
Elle était dirigée par des gens barbares, mais pleins de valeur et de
caractère ; les membres du Comité de salut public étaient d'autres
hommes que les Lamartine, Arago et consorts ; ils avaient une politique atroce, mais ils la suivaient avec courage et inflexibilité, et
malgré l'horreur que devait soulever un jour la permanence des
échafauds, les victoires de nos armées et le nombre de ses partisans
pouvaient faire croire à la durée de ce régime de sang.

La conséquence naturelle d'un tel état de choses était une sorte
d'engourdissement douloureux de ces victimes vivantes, et de l'éloi-
gnement pour toute pensée d'avenir, qui, de quelque côté qu'on l'en-
visageât, se présentait sous les formes les plus horribles.

La chute de Robespierre diminua les chances de mort, mais ne
changea rien au régime d'alors, et nous continuions à vivre comme
avant cette catastrophe plus importante à Paris qu'au fond de nos
provinces, seulement avec un peu moins d'inquiétude pour la vie.
Les années s'écoulaient pourtant et ceux qui comme moi avaient vu
éclore la révolution dans leur deuxième lustre, arrivaient à l'âge où
les passions se développent et où on aspire à secouer le frein, quelque léger qu'il soit. M. l'abbé, qui ne se souvenait plus guère de son
état, et qui avait depuis longtemps été forcé de quitter l'habit ecclésiastique et qui n'était d'ailleurs guère plus âgé que mon frère aîné,
était devenu plutôt notre camarade que notre précepteur, et ne son-
geait plus à nous rien apprendre

La chasse est toujours un des plaisirs de la jeunesse et nous
fûmes tous armés d'un fusil poursuivant les grives et les malheureux oiseaux. On dansait beaucoup dans le village, et après quelques

hésitations nous nous mêlâmes à ces divertissements dans une société peu choisie. J'ai dit que je jouais un peu de violon, je devins ménétrier, et comme il y avait plusieurs demoiselles, filles de bourgeois, à Bargemon, nos plaisirs devinrent plus relevés, et bientôt la maison du principal du lieu devint le centre de la réunion, où nous tenions naturellement la tête; car quoique nous fussions certes assez mal élevés, nous l'étions assurément beaucoup mieux que les jeunes gens du pays, dont quelques-uns venant de l'armée ou des grandes villes étaient d'une société funeste à notre innocence. Il n'y avait pas de fête dans les villages voisins où nous ne courussions. Nous arrivions en veste ronde et à pied ; à l'entrée du lieu, nous cachions nos souliers ferrés dans un trou de mur et chaussions des escarpins qui nous permettaient de formidables entrechats et de vigoureux pas de Basques qui ravissaient nos danseuses et nous valaient quelques sourires. Le soir venu, nous allions reprendre nos chaussures rustiques et revenions bien fatigués, songeant à recommencer à la première occasion. Le billard, qui venait de s'établir à Bargemon et qui était alors un jeu nouveau, devint aussi une occasion de dissipation, et je dois avouer que nous y voyions bien mauvaise compagnie.

J'entends d'ici s'étonner de ce que nos parents si religieux et si moraux tolérassent un pareil état de choses; mais mon père, atterré par les événements de la révolution et convaincu que nous n'avions d'autre perspective que la vie de village, qui d'ailleurs ne s'était jamais occupé bien activement de notre éducation, ne se sentait plus la force d'essayer de mettre une digue aux empiétements naturels de la jeunesse. Nous avions déserté le cabinet de classe, et ne nous occupions que de lectures amusantes et littéraires, qu'heureusement nous aimions beaucoup, et essayer de diriger nos penchants de ce côté était tout ce que le chef de cette grande tribu pouvait faire. Ma bonne mère laissait faire pourvu que nous nous amusassions bien, et que nous nous portassions de même. Mais ces divertissements, tout infimes qu'ils fussent, coûtaient quelque argent et nous en avions fort peu ; ma mère s'ingéniait pour nous distribuer quelques écus, et nous commencions à sentir les inconvénients du manque de fortune, dont nous ne nous étions pas beaucoup occupés jusque-là ; mon père avait réuni les débris de sa fortune qui s'élevaient à environ 10,000 francs de rente ; c'était bien peu pour le présent, mais c'était surtout bien peu pour l'avenir, si l'on pense que nous étions alors douze enfants ; mais l'avenir n'existait plus alors. Ma mère obtint pour nous, *les grands*, qu'après avoir été bien équipés on nous donnerait 200 francs de pension pour notre entretien et nos plaisirs ; comme nous savions qu'on ne pouvait nous en donner davantage, nous nous arrangeâmes pour vivre avec cette modique somme, et c'est de là que datent les habitudes d'économie que nous avons tous religieusement conservées depuis.

Tous les ans mon père allait faire un voyage à Marseille, où il avait un oncle ancien grand chantre de Saint-Victor, et y menait tour à tour un de nous ; il allait à pied, je partis à mon tour et ce fut ainsi que je fis mon premier voyage. Je trouvai le monde bien grand et la ville bien belle ; mon père aimait beaucoup le théâtre, et comme le parterre, debout alors, ne coûtait que quinze sous, il m'y menait régulièrement, ce qui, comme on le pense, n'était pas un mince plaisir. De là nous vînmes à Aix, où l'on me présenta à la famille de ma mère, composée alors de mon grand-père, le marquis de Bausset-Roquefort, vieux marin grognon et emporté ; de ma grand'mère, type de la femme de condition, et d'une foule d'oncles et de tantes. Il y avait à Aix un reste de très-bonne compagnie, et c'est là pour la première fois que j'ai vu le monde ; j'avais seize ans et n'étais à vrai dire qu'un grand garçon bien dégingandé et bien timide ; je ne disais pas grand'chose de peur de dire des bêtises, et je regardais beaucoup comment entraient et sortaient les autres du salon, où je trouvais au reste une multitude de petits chiens carlins avec qui je m'amusais assez.

Nous revînmes ensuite à Bargemon, toujours à pied, allant comme les anciens demander le vivre et le couvert chez les amis que mon père avait sur la route. Sur ces entrefaites, mon frère Ferdinand fut pris par la conscription et fut incorporé dans un régiment de hussards. Mon frère Paul, celui qui venait immédiatement avant moi, partit aussi pour l'armée ; ce qui fut une grande tristesse pour mes parents et pour nous tous. Nous en étions là, lorsque arriva le 18 brumaire. Ce grand événement ayant donné une nouvelle organisation à la France, présenta aux hommes de toute extraction la possibilité de se faire une carrière ; mon frère aîné, plus malheureux que nous, puisqu'il était marié et père de famille, fut à Paris solliciter un emploi et en revint avec les modestes fonctions d'inspecteur des poids et mesures, qui nécessitait des tournées dans la haute Provence, où je l'accompagnai plusieurs fois. J'étais dévoré du désir de faire quelque chose et l'oisiveté de Bargemon commençait à me peser. Dans l'organisation des préfectures, mon beau-frère, M. Bain, fut nommé sous-préfet à Grasse, ville qu'il habitait et je lui demandai de travailler dans ses bureaux; et comme cette ville était peuplée de nos parents et amis, je m'y trouvais très-heureux, lorsque le dénoûment funeste d'une liaison intime qui remplissait mon cœur des délices d'une première passion me fit croire à la nécessité de quitter le pays, et je fus joindre à Milan mon frère Ferdinand, qui avait quitté la cavalerie pour rentrer dans la marine en qualité de chef d'état-major de l'amiral Sibille, commandant les forces maritimes de l'armée d'Italie. Mes parents, qui n'étaient pas dans la confidence des motifs qui me décidaient à partir sans délai, s'opposèrent d'abord à mes projets, mais je tins ferme, et je partis de Grasse avec un bagage composé de six chemises, six mouchoirs, six paires de bas et six louis. Me voilà donc enfin sorti de la maison paternelle,

mais je ne l'étais certes pas des embarras du voyage. Je fus à Nice sur
le cheval de la maison, et je pris passage pour 12 francs, sur une felouque partant pour Gênes en compagnie du dépôt d'un régiment ;
nous devions y être rendus dans deux jours. A une lieue de Nice, je
fus pris par le mal de mer et je passai la journée à fond de cale en
proie aux plus horribles vomissements ; l'immobilité du bâtiment à la
fin de la journée m'ayant persuadé que nous étions arrivés, je me précipitai sur le pont, et, à mon grand désespoir, je me retrouvai à Nice, où
le vent contraire nous avait forcés de rentrer. Nous remîmes à la voile
le lendemain, et ce voyage de cinquante lieues dura six jours, et finit
par une manière de tempête qui nous jeta à Savone, d'où j'achevai ma
route à pied. Je m'empressai d'adresser à ma mère le récit de ce
voyage, et elle m'a dit depuis qu'elle avait beaucoup pleuré et fait
dire une messe pour remercier Dieu de m'avoir sauvé des dangers que
j'avais sans doute exagérés.

J'avais fait connaissance sur la felouque avec des officiers qui allaient
à Milan ; après avoir admiré Gênes pendant deux jours, nous louâmes
une voiture à quatre, qui nous conduisit en trois jours dans la capitale
de la Lombardie ; je trouvai mon frère Ferdinand bien établi dans cette
belle ville ; il avait un uniforme, des épaulettes et un grand sabre,
toutes choses qui me parurent bien agréables à porter, et il avait, ce
qui valait mieux, la confiance entière de son chef, Jean Bart au petit
pied, ancien timonier, qui ne faisait rien sans lui. Mon frère me présenta à l'amiral, qui me reçut fort bien, et me nomma incontinent commissaire de marine à 1,200 francs d'appointements, et en attendant
une destination, on me donna d'avance un mois (100 francs.)

Comme je n'avais rien à faire, je me mis à parcourir la belle ville
de Milan, et je partageai les avantages de société de mon frère dont je
partageais aussi le lit ; c'est là que je me décidai à faire couper ma
queue, qui descendait jusque dans la poche de mon habit, et que j'a-

vajs considérée jusque-là comme un des principaux ornements de ma personne. J'étais pourtant au bout de mon rouleau, et je commençais à m'inquiéter de l'avenir, lorsque je reçus l'ordre de me rendre sur le lac Majeur, où je devais recevoir une destination, et le chef de service, n'ayant rien de mieux à me donner, m'assigna les hautes fonctions de surveiller la construction des barques canonnières. Ma besogne consistait à aller sur le port de Palencia, où nous étions établis, à cinq heures du matin, à y sonner une grosse cloche pour appeler les ouvriers au chantier, à en faire l'appel et à recommencer le soir. J'étais logé par la municipalité dans une immense chambre d'un palazzo, et il ne tint qu'à moi de me croire un personnage, car outre mon traitement de 1,200 francs, je jouissais d'une ration d'officier. Le début de cette nouvelle carrière fut assez agréable; on nous recevait partout dans cette petite ville, et nous avions de quoi paraître convenablement; mais on cessa de payer l'armée et nous fûmes réduits à vivre de notre ration à la gamelle. Nous n'avions point de bois, et je me rappelle que, pour passer chaudement une soirée, nous allions quelquefois avec quelques camarades à la veillée dans un four communal, où nous contions fleurette à des Fornarines qui ne rappelaient guère celles de Raphaël. Nous allions souvent aux îles Borromées, et la mauvaise chère que nous faisions nous donna l'idée d'ajouter à notre ordinaire quelques faisans, qui sont là par centaines. Nous nous mîmes en chasse, et je tenais déjà par la queue un faisan, lorsque ses cris amenèrent un garde, qui me poursuivit ainsi que mes camarades aux cris de : *Aï laddri !* avec force menaces et lancements de pierres ; nous n'eûmes que le temps de nous jeter dans un bateau et de nous sauver.

La paix mit fin à cette campagne, on licencia la marine des lacs ; mon frère alla rejoindre à Tarente l'escadre de l'amiral Villeneuve, et moi je revins à Bargemon après une absence de quinze mois. Je végétais assez tristement dans le château de famille, fort déprécié à

mes yeux par mon voyage d'Italie, lorsque mon frère aîné, qui s'était
fort lié avec le préfet de Draguignan, me proposa en son nom d'entrer
dans ses bureaux en qualité d'archiviste, aux appointements de
1,200 francs. J'acceptai, et me voilà établi dans le chef-lieu du département du Var ; le voisinage de Bargemon faisait que j'étais connu et
bien reçu dans la société du lieu ; mais un reste d'orgueil féodal
faisait que je me trouvais humilié des fonctions de commis et que je
ne pouvais me lier avec mes camarades. Ma besogne, qui consistait à
classer de vieux papiers poudreux, ne m'intéressait guère et ne
m'apprenait rien, mais je n'étais point à charge à ma famille et je
faisais quelque chose ; mes appointements me suffisaient, mais c'était
tout juste. Le matin, à huit heures, avant d'aller au bureau, je faisais
un déjeuner d'anachorète, composé de figues sèches et de noix apportées
de Bargemon ; en sortant à trois heures du bureau, je trouvais dans
une assez bonne pension un dîner à 50 francs par mois ; ma chambre
me coûtait 12 francs. Ainsi il me restait encore 38 francs par mois
pour mes menus plaisirs, car on me blanchissait à Bargemon, et c'était
assez. Comme les fonctionnaires étaient tenus de recevoir alors, il y
avait beaucoup de soirées dans le chef-lieu de la préfecture, et mon
nom servait de contre-poids à mes humbles fonctions. Je profitai de
mon séjour à Draguignan pour me perfectionner sur le violon, que
j'aimais avec passion, et, faute d'un bon maître sur cet instrument,
je trouvai un vieil officier retiré (M. de la Chaussée), qui consentit à
me donner des leçons moyennant 3 francs par mois. Il ne jouait que
de la basse, mais il pouvait beaucoup m'apprendre en jouant avec
moi. J'allais chez cet illustre maestro de très-bonne heure, à cause de
mes occupations, et je ris encore en me rappelant que je trouvais
invariablement son violoncelle, pompeusement baptisé de stradivarius,
couché entre deux draps à côté de sa femme , par suite du vieux
préjugé que la chaleur du lit bonifiait les instruments. Mon professeur

levait gravement les couvertures, retirait sa basse, et nous nous mettions à nous escrimer de notre mieux dans la chambre même, sans que sa moitié ni lui trouvassent à cela rien d'extraordinaire.

Lorsque je me reporte à cette époque de ma vie et que je me rappelle avec quel respect je me présentai au préfet, M. Fouchet, et l'orgueilleux accueil que j'en recevais, j'étais loin de penser que le sort me réservait d'être un personnage encore plus grand que celui qui me paraissait alors le type de ce qui pouvait exister de plus élevé, et je ne puis assez bénir mon étoile de m'avoir si bien conduit jusqu'au moment où le plus cruel des événements politiques a détruit ma carrière.

Mon père, qui était très-religieux et qui aimait passionnément toutes les cérémonies religieuses, nourrissait depuis longtemps le projet de faire le voyage de Rome avec deux de ses fils, et il avait amassé 3,000 livres destinées à ce pèlerinage, ce qui alors était une grande entreprise ; selon ses principes de justice, il décida que ce seraient les deux aînés, Ferdinand et moi, car Christophe ne pouvait quitter ses fonctions, et Paul était mort à l'armée d'Italie ; on aurait voulu me faire un passe-droit à cause de ma résidence à la préfecture, mais j'obtins que mon frère Alban ferait l'intérim, et il fut décidé que je serais du voyage. Nous partîmes de Bargemon dans le commencement du printemps de 1801 pour Rome, au grand ébahissement du public qui ne pouvait attribuer qu'à un vœu la résolution de M. de Villeneuve. Nous fûmes par mer jusqu'à Livourne, misérablement établis dans une felouque génoise qui n'allait pas la nuit. De Livourne nous fûmes à Florence et de là dans la capitale du monde chrétien, dont nous ne nous lassions pas d'admirer les incomparables beautés, bien que nous courussions depuis le matin jusqu'au soir. Il y avait alors pour ambassadeur M. Cacault, Breton plein d'esprit sous les apparences les plus simples, qui tenait une maison sans faste, mais confortable ; il nous invita souvent à dîner, ce qui était une bonne fortune pour des

gens aussi bien endentés, et qui faisaient chère économique. M. Cacault
avait pour commensaux habituels deux jeunes gens, MM. Auguste de
Forbin et Grenet, qui déterraient à bon marché de bons tableaux que
l'ambassadeur envoyait dans son château près de Clisson ; mon père
visitait toutes les églises et assistait à toutes les cérémonies religieuses ;
nous nous occupions davantage des antiquités, et, notre Nibby à la main,
(c'était alors le meilleur Guide des étrangers), nous visitions les lieux
célèbres. Nous fûmes comme de raison présentés au pape ; le mon-
signor qui gardait la porte du cabinet nous prescrivit, aussitôt la porte
ouverte, de faire trois génuflexions de manière à arriver à la troisième
aux pieds de Sa Sainteté, dont nous aurions soin de baiser la mule.
J'étais un peu intimidé de l'exécution de ce protocole, et aussitôt que
j'entendis la porte rouler sur ses gonds, je me précipitai à genoux et
fus bien étonné d'entendre une voix douce me dire : *State, alzate*, et de
voir un homme vêtu de blanc, de la figure la plus vénérable, qui nous
tendit à tous sa main à baiser ; ce saint pontife parlait un peu
français et aimait à s'exprimer dans cette langue. Il nous interrogea
avec beaucoup de bonté sur l'état de la religion en France ; c'était peu
après le Concordat, et je n'ai jamais oublié les paroles du pape à ce
sujet : *Je suis allé jusqu'à la porte de l'enfer pour les Français, mais
je ne veux pas y entrer.* Parlant ensuite des militaires de cette nation
qu'il avait connus dans son évêché d'Imola, Pie VII nous disait :
« J'ai toujours aimé les Français parce que, le premier moment passé,
ils sont tous de bonnes gens ; je les compare, ajouta-t-il, à une *pignata*
(une marmite) qui bout bien fort ; si vous la touchez, vous vous
brûlez, mais si vous la laissez refroidir, vous en faites ce que vous
voulez. »

En terminant l'audience, Sa Sainteté nous dit : « Ces messieurs
forsé (peut-être) voudraient quelques petits chapelets, » et ouvrant une
armoire, il en tira trois beaucoup plus beaux qu'on ne les donne

ordinairement aux étrangers. Nous nous retirâmes pénétrés de reconnaissance pour une si bonne réception.

Peu de jours après, j'eus une nouvelle occasion d'admirer la bonté du pape ; mon père, toujours curieux des cérémonies religieuses, nous avait conduits à la messe papale ; à sa sortie, tous les assistants se plaçaient dans une galerie et baisaient la mule de Sa Sainteté, à mesure qu'elle passait devant eux ; il était debout et tendait le pied ; il fallait se baisser beaucoup pour y arriver, et comme nous étions vêtus dans ce temps-là d'une manière si serrée qu'il y avait danger de faire éclater le petit vêtement dans un endroit fâcheux, ne pouvant approcher ma bouche du pied, j'imaginai d'approcher le pied de ma bouche ; ce mouvement obligea Sa Sainteté de s'appuyer sur ses voisins pour ne pas tomber, et pendant que les monsignori me prodiguaient les épithètes les plus dures, le pape se contenta de me dire en riant : *Adagio, giovanetto, adagio.*

De Rome, nous fûmes à Naples par l'affreuse diligence nommée *il proccacio*, qui mettait six jours pour faire le trajet, et dont l'impériale était ornée de cinq sbires, de crainte de *laddri*, qui, à leur défaut, rançonnaient les voyageurs.

Nous restâmes peu à Naples et revînmes en France sur un bâtiment de commerce ragusais, où nous étions bien mal établis ; après quelques jours de repos dans ma famille, je fus reprendre à Draguignan ma place dans les bureaux de la préfecture, convaincu que j'étais devenu un homme important par mon voyage de trois mois.

Il se passa vers cette époque quelques événements heureux pour la famille ; mon frère aîné fut nommé sous-préfet à Nérac, emmenant avec lui Alban, qui commençait ainsi la carrière administrative qu'il devait si brillamment parcourir, et, malgré la répugnance de mon père pour voir ses enfants servir un gouvernement qu'il n'aimait guère, il se décida à envoyer à Toulon mes deux plus jeunes frères avec le précepteur pour étudier pour la marine, car il n'y avait pas alors d'autre école. Mon frère Ferdinand, plus âgé que moi de quatre ans, qui avait abandonné la marine et était revenu à Bargemon, obtint quelque argent du chef de la famille pour aller solliciter un emploi à Paris, où tout se réorganisait, si bien que le vieux château de famille était devenu bien désert. Je voyais que ce que je faisais à Draguignan ne me servirait à rien; je croyais d'ailleurs ne pas être assez bien traité du préfet, et je finis par donner ma démission et revenir à Bargemon, où il n'y avait plus que mon frère François et mes deux jeunes sœurs. Pour faire quelque chose, je m'occupai d'agriculture, et mon père, charmé de mes dispositions, m'offrit un cheval et des avantages si je voulais me fixer auprès de lui. J'en étais assez tenté, lorsque mon frère Ferdinand me manda de Paris qu'on lui avait promis une place dans les bureaux de la Légion d'honneur, en même temps qu'il obtenait celle d'inspecteur des droits réunis; qu'il n'avait point parlé de sa bonne fortune et que, si je voulais venir à Paris, je prendrais sa place en son nom lorsqu'on la donnerait. Je ne pus résister au désir d'aller voir Paris et d'essayer si je ne pourrais pas arriver à quelque chose. Mon père, après s'être fait tirer l'oreille et avoir essayé de me persuader que je ne pouvais être mieux qu'où j'étais, consentit à mon voyage à la condition que je reviendrais si je ne me trouvais pas bien, et me donna 400 francs pour le faire; je note cette somme, la seule que j'ai reçue de ma famille; j'avais économisé 300 francs pendant que j'étais à Draguignan et c'est avec 700 francs dans ma poche que je me lançai dans cet avenir qui devait m'être si favorable. En sus de cet argent, j'eus aussi un petit bénéfice, car mon père fit prix avec un des muletiers de Bargemon, qui à cette époque allaient par caravane porter de l'huile à dos de mulets à Grenoble et à Lyon par des chemins im-

praticables, pour me porter aussi, voire me nourrir à leur ordinaire
jusqu'à Grenoble.

On avait affecté à mon service la croupe d'un petit mulet légère-
ment chargé déjà d'un ballot de peau d'agneaux et d'un autre d'huile;
l'animal était rétif, et lorsque je voulais prendre sur lui la place qui
m'était légitimement due, il faisait d'affreuses ruades, pendant lesquelles j'étais forcé de m'accrocher à toutes les cordes de son bât.
Lorsque la fureur de l'animal était calmée, je m'asseyais sur une cou-
verture, mettais jambe de ci, jambe de là, sur le cou de la bête, sans
avoir aucune espèce de bride à la main, et nous cheminions, l'un portant l'autre, au milieu des précipices, sauf à recommencer les
mêmes scènes à une autre chevauchée.

On a peine à croire qu'au commencement du siècle, il existât encore en Provence une manière si barbare de commercer, et cependant
le métier de muletier passait pour être très-lucratif. Le convoi dont
je faisais partie se composait d'une vingtaine de forts mulets chargés
de sonnettes, qui s'en allaient à la queue leu-leu sans jamais se dé-
passer, portant de chaque côté de leur bât une outre pleine d'huile;
ces vigoureuses bêtes marchaient du matin au soir sans jamais s'arrêter, et mangeaient toujours marchant au moyen du mourco, sorte
de panier en corde attaché devant leur bouche et incessamment
rempli de foin; on les faisait boire une fois le jour à des fontaines
désignées sur la route. Les conducteurs et moi, car j'étais à leur régime, nous prenions chacun à la couchée un grand pain rempli de
quelque chose de solide, ayant soin de garnir les flacons de vin gé-
néreux. A une heure donnée, chacun tout en cheminant à côté de
nos mulets, excepté moi, qui avais le privilége d'être porté, honneur dont je n'usais guère au reste, on le comprendra facilement,
ouvrait son pain et faisait son repas en donnant de fréquentes acco-
lades au fiasco; nous arrivions de bonne heure dans de mauvais

villages, gîtes d'étapes invariables, et qui par cela même étaient largement pourvus de provisions les jours de passage; à la pointe du
jour, mes gens commençaient, leurs bêtes se lestaient fortement la
bedaine et nous partions pour recommencer le lendemain; enfin tant
fut procédé au milieu de tous les épisodes les plus étranges que
multipliait la méchanceté de nos mulets, et que l'esprit de mes
Provençaux égayait beaucoup, que j'arrivai à Grenoble le sixième
jour et me séparai de mes compatriotes, dont au reste je fus très-
satisfait.

A Grenoble, je pris la diligence, et peu de jours après j'entrais
dans la capitale à dix heures du soir. Mon père et les autres rares
Provençaux qui avaient fait le voyage de Paris à cette époque m'a-
vaient tellement farci l'imagination des voleries de toute espèce qu'on
subissait à Paris, que je voyais un filou dans tous les gens que je
rencontrais, et ce ne fut qu'en tremblant que je confiai ma malle
au commissionnaire qui me conduisit rue de Richelieu, à l'hôtel de
Strasbourg, qui m'avait été indiqué. A peine installé dans une
chambre au cinquième étage, je descendis avec grand'faim, demandant à souper comme je l'aurais fait dans une auberge de province;
on me répondit qu'on ne donnait pas à manger et qu'il fallait aller
chez le restaurateur, ce qui ne fut pas un mince embarras pour
moi. Le lendemain au point du jour, je commençai mon explora-
tion, et au bout de trois jours, je connaissais déjà Paris.

Mon premier soin fut naturellement d'aller voir la personne qui
avait promis à mon frère Ferdinand de me faire avoir à sa place un
emploi dans les bureaux de la Légion d'honneur: c'était M. d'Amalric,
qui avait été lié avec mes oncles et plusieurs personnes de ma famille; homme excellent et dévoré (c'était le mot) du désir d'être
utile. Il m'accueillit à merveille et m'invita à dîner, et ma confiance
de vingt ans me persuada qu'on m'attendait avec impatience, et

partant que je n'avais qu'à jouir bien vite du peu de jours de liberté que j'avais encore.

M. d'Amalric était un Provençal que la décision de sa famille, bien plus que sa vocation, avait fait entrer dans l'état ecclésiastique, et il était devenu un abbé de comédie, faisant des chansons, galant auprès des dames, au demeurant, ayant prêché devant le roi, ce qui lui avait donné une manière de distinction. Les troubles de 89 vinrent interrompre cette vie de futilité et de plaisirs faciles, et n'ayant pas eu le courage de sortir de France, il se trouva forcé de racheter le double péché originel de noble et de prêtre par un abandon total de son ancien état; le démon de la chair s'en mêlant, il se maria et vécut longtemps du produit de sa plume. Au retour de l'ordre, et lorsqu'on réorganisait tout en France, un de ses amis, M. de Lacépède, le nomma chef de division à la chancellerie de la Légion d'honneur, que l'illustre naturaliste fut chargé d'organiser; et satisfait de sa position, n'ayant rien à demander pour lui et à peu près rien à faire, M. d'Almarie s'adonna entièrement au monde et au besoin d'être utile à ses amis autant qu'il était en lui. Sa femme, sainte et douce personne, ne sortait jamais de chez elle, tout occupée d'élever ses deux enfants. A l'époque du Concordat, l'abbé d'Amalric s'était empressé de demander sa sécularisation au pape, et c'est à lui que le légat cardinal Caprara dit *en plaisantant à l'italienne*, lorsqu'il lui remit ses lettres de rémission : « Le pape vous accorde la ratification de votre mariage, *non ad voluptatem sed ad pœnitentiam ;* vous avez la femme, vous la garderez, c'est la pénitence que le pape vous impose. »

Tranquille sur mon existence, je me logeai rue de Lille, chez une brave femme qui, pour 30 francs par mois, me louait une chambre très-propre, et je réglais l'économie de ma vie de manière à ce que le petit pécule que j'avais apporté durât le plus longtemps possible. J'ai

toujours été convaincu que, chez un être bien constitué, le physique n'é-
tait qu'un esclave et devait obéir exactement aux lois imposées par le
moral. Je décidai que le déjeuner se composerait désormais d'une flûte
de deux sols que je mangeais souvent en faisant ma course, et que le
dîner ne s'élèverait jamais au-dessus de 30 sous. Pour les courses, mes
jambes étaient toujours prêtes et, comme nous étions au mois d'avril,
j'interdis toute voiture, même pour aller à Versailles, à Saint-Germain
et autres courses des environs, que je faisais bravement sur mes pieds.

Ces arrangements intimes bien établis, je songeai à remettre les
nombreuses lettres de recommandation dont j'étais chargé. Dans la
tourmente révolutionnaire, tous les membres d'une famille n'avaient
pu suivre le même parti, et lorsque la main habile de Bonaparte eut
reconstruit la civilisation, on chercha dans chaque famille par quelle
filière on pourrait se créer un protecteur auprès du nouveau gouvernement et obtenir un des milliers d'emplois qu'on créait chaque jour.
Une des cousines de ma mère, sœur du cardinal de Bausset, avait épousé
pendant la révolution le général Lacuée, qui, après avoir honorablement traversé les événements qui s'étaient succédé depuis 1789, était
devenu, au consulat, conseiller d'État et président du comité de la
guerre; et mes parents n'avaient eu garde de ne pas profiter de cette
circonstance. Mon frère aîné avait été fait sous-préfet à Nérac par la
main du général Lacuée, et il avait fort aidé mon frère Ferdinand à arriver à une inspection des droits réunis; c'était assurément plus qu'on
n'avait osé espérer, et il ne fallait pourtant pas abuser de la complai-
sance de cette parenté éloignée et si peu réclamée pendant longtemps;
aussi ma mère, en réclamant les bontés de sa cousine pour le troisième
fils, avait eu grand soin de mentionner dans sa lettre, dont elle me char-
geait, que celui-ci arrivait à Paris avec un emploi et n'avait rien à
solliciter.

Tout indépendant que je me croyais, la visite à faire à une grande dame était une grosse affaire pour moi ; je me décidai pourtant, et, un matin, je fus sonner à la porte de l'appartement que madame Lacuée occupait rue Taranne. On tardait à ouvrir, et, comme j'étais venu à pied, j'essuyais avec le bas de ma redingote la boue que toute mon adresse n'avait pu entièrement éloigner de mes souliers, lorsque la porte s'ouvrit, et une femme âgée, assez négligée dans sa toilette, me demanda ce que je voulais. Je répondis que c'était de parler à madame Lacuée : « Que lui voulez-vous ? — Pardi, dis-je impatienté, je le lui dirai bien. — Eh bien, dites-le donc, car madame Lacuée, c'est moi. » Je fus atterré de cette réponse et ne pus que balbutier quelques mots en présentant ma lettre. Après l'avoir lue, cette chère cousine, qui me faisait si peur en ce moment et qui devait influer si heureusement sur ma destinée, ne put s'empêcher de remarquer d'abord que nous étions une lignée bien nombreuse, et ensuite que, lorsqu'elle s'était mariée, sa famille, qui blâmait tant son choix, ne s'attendait pas à venir un jour implorer son appui. Je me répandis en reconnaissance sur ce que le général avait fait pour mes frères et sur l'avantage que j'avais d'être tout casé ; puis je pris congé de madame Lacuée, qui me dit que son mari était à Milan avec l'empereur et qu'elle allait s'établir à la campagne à Saint-Mandé, où elle serait bien aise de me voir.

Je fus bientôt présenté dans beaucoup de maisons et particulièrement chez des Provençaux, en tête desquels il faut placer M. Portalis, ministre des cultes, homme d'une grande capacité et de manières charmantes. Madame de Grasse, dont j'étais un peu parent, me mena chez madame de Vergennes, où je commençai à connaître ses deux filles, madame de Rémusat et madame de Nansouty, que je devais voir plus tard assez assidûment, et, comme il arrive toujours à Paris, où une connaissance mène à une autre, je fus bientôt reçu, et je dois ajouter très-bien accueilli dans beaucoup de maisons agréables. Je parcourus à pied tous les environs de Paris, et il n'y eut bientôt pas un coin de la grande ville que je ne connusse parfaitement.

Les jours s'écoulaient cependant et cette place tant désirée n'arrivait point. J'avais beau mettre la plus stricte économie dans mes dépenses, le magot diminuait chaque jour et, décidé à ne demander aucun argent à mes parents, j'étais résolu de repartir aussitôt qu'il ne me resterait plus que la somme nécessaire pour subvenir aux frais du voyage. Je me montrais souvent à mon protecteur, qui me donnait de bons dîners et d'excellentes paroles, mais cela ne m'avançait guère. Je fis enfin confidence de ma position et de mes projets à M. d'Amalrie. Il fit un nouvel effort auprès de M. de Lacépède, et il obtint enfin une décision qui me nommait commis dans les bureaux de la Légion d'honneur aux appointements de 1,800 francs. Je fus au comble de mes vœux et vins bien vite prendre possession de mon emploi, qui consistait à écrire en grosses lettres les noms des légionnaires dans un gros registre, lorsque toutefois je ne déjeunais pas, je ne lisais pas la gazette ou ne me chauffais pas au grand feu fourni par l'État et attisé par les employés; à quatre heures, j'étais libre et mes soirées m'appartenaient. J'ai toujours aimé la bonne compagnie et toujours tenu à y conquérir la place que je croyais avoir le droit d'y occuper. La société française est toujours disposée à bien accueillir un jeune homme lorsqu'il est modeste et bien tenu; mais les commencements d'une entrée dans le monde, lorsqu'on y arrive sans appui et isolé comme je l'étais, sont bien pénibles, car c'est un travail ingrat et difficile de connaître les tenants et aboutissants des personnes qu'on fréquente, lorsqu'on n'est pas né au milieu d'elles. Je conçois que les jeunes gens s'ennuient et préfèrent leur club; mais vient un jour où, pour soi ou pour ses enfants, on regrette d'être inconnu et sans appui. Un de mes devoirs était d'aller rendre une visite à madame Lacuée à Saint-Mandé, comme elle avait bien voulu m'y engager. La course était longue, mais je regardais cela comme une bagatelle alors, et je traversais bravement sur mes pieds le faubourg Saint-An-

toine et la longue avenue qui mène à Saint-Mandé. J'y trouvais cette
parente malade bien isolée et bien ennuyée; j'y payais de mon mieux
mon écot de conversation et d'anecdotes, et à la suite d'une visite qu'on
n'avait pas trouvée trop prolongée, la maîtresse de la maison me dit fort
gracieusement que la course était trop longue pour ne pas rester à
dîner, et que lui ferais plaisir en venant quelquefois. J'y vins en effet,
en ayant soin de faire provision de toutes les nouvelles qui pouvaient
amuser une pauvre femme si isolée, et toujours muni d'un formida-
ble appétit qui, à lui seul, divertissait déjà mon amphitryon. C'est de
cette époque que date l'affection de cette bonne parente, qui m'a été si
utile et que j'ai aimée bien sincèrement. Notre connaissance était bien
faite, lorsque son mari revint d'Italie, et il m'accueillit bien; j'avais
grand soin de dire fort haut que j'étais placé, et cela me donnait le
courage de l'indépendance.

Le général Lacuée, depuis comte de Cessac et membre de l'administration de la guerre, était un ancien capitaine au régiment Dauphin,
qui avait traversé de la manière la plus honorable, tout en y faisant
son chemin, les orages de la révolution. Bonaparte, qui avait pu apprécier son ardeur de travail et son incorruptible loyauté, qui faisait dire
au Premier consul que c'était un *janséniste* de *probité*, l'avait nommé
président de la section de la guerre au conseil d'État. Ce travailleur
infatigable eût été peu propre aux emplois élevés d'un gouvernement
constitutionnel, car il ne connaissait que son cabinet, mais il était le
type des exécuteurs de la volonté du maître, qui les dictait seul. Administrateur économe de ses traitements élevés, M. de Cessac a laissé une
belle fortune et bien acquise aux enfants qu'il a eus de son second mariage, car il n'en avait pas de son premier. Il est mort dans la plus
haute piété, à l'âge de quatre-vingt-six ans, sans s'être démenti un
seul jour de son attachement pour moi et pour mes frères, et nous
lui devons beaucoup.

J'ai dit que j'avais connu chez madame de Vergennes, ses filles, mesdames de Rémusat et de Nansouty, toutes les deux distinguées par leur esprit. La maison de ces dames était fort agréable et le salon de la première était le modèle de la bonne conversation, car on y rencontrait habituellement MM. de Talleyrand, Suard, l'abbé Morellet, Bertrand, Pasquier, Joubert, Maine de Biran et tant d'autres. Comme j'en étais encore à cette époque à l'admiration de Voltaire et de Rousseau, j'étais tout oreilles lorsque quelques-uns de ces messieurs racontaient leur voyage à Ferney ou leurs visites à l'Ermitage. Il y avait là en femmes madame d'Houdetot, bien vieille déjà et parlant peu de son adorateur, madame de Vaisnes, madame Suard, et madame de Vintimille, si bonne et si aimable, et qui a été pour moi jusqu'à sa mort l'amie la meilleure et la plus dévouée. M. de Rémusat, surintendant des théâtres, me donnait souvent des billets de spectacle, ce qui me charmait. Comme il disposait de tous les acteurs, il avait quelquefois chez lui des soirées charmantes, et je me souviens d'y avoir vu jouer des proverbes improvisés par Talma, mademoiselle Mars, Michaud et même des danses exécutées par madame Gardel.

Je menais à Paris une vie fort douce; mes appointements suffisaient à mes besoins, et je ne songeais guère à l'avenir. Je ne faisais pas grand'chose à mon bureau, et malheureusement mon peu d'habitude d'occupation m'empêchait de faire autre chose pour compléter une éducation si négligée. A cette époque, les jeunes gens ne s'occupaient jamais de politique; il n'y avait guère de carrière fixe, et l'avenir était dans le hasard et dans quelques circonstances plus ou moins bonnes, qui faisaient arriver quelquefois les moins distingués d'entre eux à une brillante position. Les mœurs se ressentaient du relâchement qu'avaient amené la révolution et le méprisable gouvernement du Directoire; on dansait beaucoup, on courait les spectacles, et le succès d'une pièce nouvelle était un événement auquel la jeunesse du monde ne dédaignait pas de prendre part. *Le Moniteur* annonçait chaque jour quelque création de nouveaux emplois, la réunion de quelques États qui allaient être administrés par des Français et, comme les autres, j'attendais sans trop m'inquiéter que mon tour arrivât; cette fortune attendue si patiemment vint un jour frapper à ma porte.

En l'année 1805, l'Empereur créa un directeur général des revues et de la conscription et nomma à cette place importante le général Lacuée; son excellente femme, qui avait un véritable attachement pour moi, lui demanda de me prendre pour son secrétaire intime, fonctions toutes de détails intérieurs et qui contrastaient fort avec celles que j'avais remplies jusque-là. Les avantages de ma nouvelle position furent doublés par la bienveillance de M. de Lacépède, qui consentit à donner à mon frère François ma place dans les bureaux de la Légion d'honneur.

Je fus aussitôt m'installer dans une petite chambre de l'hôtel affecté à la direction générale des revues et de la conscription; j'étais nourri à la table du général, et je fus couché pour quatre mille huit cents francs par an sur l'état des employés; c'était bien plus que je n'aurais jamais osé prétendre. Lorsque je demandai à mon patron quelles étaient les fonctions qu'il m'avait attribuées, il me répondit que la première était de me trouver dans son cabinet à quatre heures du matin, moment où il commençait irrévocablement son travail; de faire sa correspondance particulière, et il ajouta que, dans la crainte que je ne fusse pas exact, il avait fait placer une sonnette correspondant à mon alcôve. Le directeur général ajouta à toutes ces marques de confiance celle qui me.fit beaucoup grandir à mes propres yeux, l'ouverture des lettres de l'Empereur qui arrivaient dans la nuit et l'appréciation de leur degré d'importance pour l'éveiller sur-le-champ ou attendre l'heure ordinaire du travail.

Il faut avoir vécu sous le régime impérial pour se rappeler avec

quelle crainte respectueuse on s'inclinait devant les moindres volontés
du maître absolu qui gouvernait la France et dont tout émanait. Aussi
la première lettre que le portier m'apporta dans la nuit, en me faisant
constater sur un registre la minute où elle m'avait été remise, me
causa une vive émotion et je fus longtemps assis sur mon lit, me
demandant si cette missive que j'avais entre les mains était assez importante pour aller troubler le sommeil du patron ou si je devais
attendre quatre heures. Cette hésitation s'est prolongée tout le temps
que j'ai été secrétaire intime et m'a coûté bien des heures de repos.

Je ne sais si c'était par habitude ou pour entretenir l'activité de ses
agents que Napoléon affectait de faire arriver la nuit les lettres qu'il
leur adressait, mais la presque totalité de ses dépêches arrivait à la
direction générale de minuit à quatre heures du matin ; elles étaient
toutes écrites de la main de son secrétaire Meneval sur une demi-feuille
de papier à lettre doré sur tranche, et signées d'un grand N fort mal
fait ; j'en ai vu quelques-unes plus importantes qui portaient un
Nap. Ces lettres étaient dans une enveloppe cachetée aux armes
impériales et timbrées du mot *Empereur* écrit à la main.

J'étais à cette époque, comme tous les jeunes gens, plein d'une
crainte respectueuse pour le grand homme à qui la France avait confié
ses destinées, et je recherchais toutes les occasions de le voir sans toutefois me trouver jamais sur son passage, ce qui valait quelquefois
des bourrades aux jeunes hommes qui n'étaient pas militaires. L'Empereur allait aux bals que chaque ministre était tenu de donner en
hiver, et je n'en manquais point ; je puis dire que j'ai vu l'Empereur
très-souvent. Il était en 1806 à l'apogée de sa beauté physique ; sa
taille était moyenne, mais bien prise, sa jambe bien faite, et les
mains singulièrement petites ; sa figure était belle, surtout de profil,
et il avait un mouvement singulier dans la prunelle des yeux.
Napoléon était invariablement vêtu, à l'exception des jours de gala,

d'un habit d'uniforme vert, à revers évasés, culotte et bas blancs, petites boucles rondes d'argent à ses souliers et le chapeau classique avec une ganse noire formant l'équerre et une toute petite cocarde tricolore.

Sauf la nécessité de rompre avec les soirées du monde par suite de l'obligation où je me trouvais d'être au travail à quatre heures du matin en hiver comme en été, je me trouvais très-heureux dans ma nouvelle position. Madame Lacuée me traitait avec une bonté toute maternelle, que je cherchais à reconnaître par les soins les plus assidus; mais son mari, positif par nature, tout en étant excellent pour moi, me répétait souvent que la place que j'occupais auprès de lui n'était pas un état; que sa disgrâce ou sa mort me jetterait sur le pavé et qu'il fallait nécessairement entrer dans une carrière. Celle qui se présentait naturellement pour moi était l'administration de la guerre à cause des rapports intimes entre elle et la direction générale dont je faisais partie, et il fut décidé dans le tribunal de famille que l'on obtiendrait facilement du ministre de la guerre une place d'adjoint aux commissaires des guerres, ce qui ne m'empêcherait pas de rester auprès de mon général; qu'au bout de ce noviciat, je serais nommé commissaire des guerres, et qu'alors volant de mes propres ailes, j'irais prendre mon rang dans l'administration de nos armées. Le ministre promit tout cela, et après quelques études spéciales, je subis l'examen nécessaire dont je me tirai tant bien que mal, et j'attendis la décision de Son Excellence.

Un matin, à déjeuner, madame Lacuée m'annonça que je venais d'être nommé adjoint, et qu'ayant du monde à dîner quelques jours après, elle voulait que j'y parusse dans l'uniforme assez élégant de mon nouvel état. Fort satisfait de cette bonne nouvelle, je voulus en avoir la confirmation et j'appris au ministère de la guerre que, loin d'être nommé adjoint en pied, je n'étais qu'adjoint provisoire, et

qu'au lieu de me laisser attendre auprès de M. Lacuée ma promotion
au commissariat des guerres, j'avais l'ordre de partir de suite pour la
grande armée. Je rentrai l'oreille fort basse et fus conter mon piteux
cas à la bonne madame Lacuée, tremblant que son mari ne me dît de
me résigner et de partir. Il n'en fut rien heureusement. Le général,
préparé sans doute par sa femme, prit la chose comme un manque de
parole de la part du ministre et me prescrivit de refuser l'emploi
provisoire qui m'était offert, en ajoutant qu'il trouverait bien le
moyen de me dédommager.

A quoi tiennent les destinées ! Si le ministre avait tenu sa promesse
dans une affaire aussi peu importante pour lui, j'entrais dans l'administration de la guerre et prenais ma part des fatigues de nos armées
depuis 1806 jusqu'en 1815, et tout mon avenir se serait borné à deve-
nir un jour intendant militaire au lieu de la belle carrière qu'il m'a
été donné de parcourir.

Je continuai donc mon secrétariat intime, qui devenait tous les
jours plus agréable par les bonnes connaissances que j'étais à portée
de faire. Nous avions fondé entre les hommes dans la même position que moi un dîner mensuel où se trouvait Étienne, secrétaire
du duc de Bassano, Roger, l'auteur de *l'Avocat*, secrétaire de M. Français, de Nantes, et beaucoup d'autres gens d'esprit. Le général Lacuée,
en sa qualité de gouverneur de l'École polytechnique, avait souvent
à dîner les professeurs de cette école, et j'écoutais avidement
MM. Monge, Lagrange, la Place, Berthollet, Delambre, Lalande, Haüy,
Fourcroy et bien d'autres savants, qui étaient bien médiocres dans
la conversation. Mon patron avait une loge aux Français, où
j'avais habituellement une place, et j'étais bien heureux d'admirer
Talma, Michaud, Dazincourt, mesdemoiselles Raucourt, Duchesnois,
Mars, et la réunion unique des sujets qui faisaient de ce théâtre le
premier théâtre du monde. J'étais présenté chez l'archichancelier,

salon fort suivi alors; j'allais chez tous les ministres, où l'on n'était reçu qu'en habit habillé avec l'épée au côté, et j'y rencontrais les hommes les plus marquants de 93, devenus des moutons brodés, et si cette douce existence avait pu durer toujours, je n'en aurais certes pas demandé d'autre. Madame Lacuée avait souvent du monde du gouvernement à dîner à Saint-Mandé, et les jours de gala étaient ceux où l'on avait le prince archichancelier, que la maîtresse du logis avait fort connu à Montpellier lorsqu'il y était petit conseiller à la cour des aides, mais à qui elle n'en prodiguait pas moins les marques d'un profond respect. C'était un grand et gros homme à figure plate et pâle, le chef orné d'une grande perruque à boucles; sur ses genoux cagneux descendaient deux chaînes de montre en diamants; la ganse de son chapeau, la plaque de la Légion et d'immenses boucles de souliers étaient aussi en diamant. Il laissait tomber quelques rares paroles de sa bouche impassible, et il était difficile de deviner un esprit délié dans cette masse bouffie d'importance et d'orgueil. On lui accordait beaucoup de capacité. Nous autres, jeunes gens, riions sous cape de ses goûts contre nature bien avérés et sur lesquels on faisait chaque jour quelque nouvelle histoire. Fouché venait aussi quelquefois dîner à Saint-Mandé; il arrivait à cheval, suivi d'une voiture pleine d'une multitude d'enfants, tous plus laids les uns que les autres. Après dîner il se roulait sur le gazon avec ses fils et, dans cette figure de renard et ce corps si fluet, on n'aurait jamais reconnu le fougueux et cruel proconsul.

Un homme que je voyais assez intimement, et qui avait bien tristement marqué en 93, était M. Réal; mais lui, au moins, sauf le titre de comte et les fonctions de conseiller d'État, était resté franchement révolutionnaire, et aimait à parler de ces temps orageux au lieu de se bouffir comme tant de ses camarades dans leurs habits brodés. Ayant une fille devenue son unique héritière, par suite de la mort de son fils aux armées, sa fortune tenta le général Lacuée, qui l'obtint pour son troisième neveu, frère de deux colonels tués à l'armée et lui-même officier de marine. Ce jeune homme, sortant des prisons d'Angleterre, était fort peu fait aux usages du monde; M. Lacuée m'avait constitué son mentor, fonctions qui m'ennuyaient fort, et j'accompagnais chaque jour le prétendant à Boulogne, où M. Réal avait une maison de campagne que Rothschild a achetée depuis. Mademoiselle Eulalie était une charmante personne, qui a prouvé, lors des malheurs de sa famille, qu'elle alliait à la plus aimable gaieté les qualités les plus essentielles. Son père était un homme très-spirituel, qui faisait oublier à mes yeux par son esprit et son obligeance les torts du révolutionnaire défenseur de Babeuf, et du séide de la police, dont il avait une des deux directions. Je me rappelle avoir été un matin implorer, au nom de la respectable madame Portalis, quelques égards pour la santé de l'abbé d'Astros, qu'on venait d'arrêter et de mettre à Vincennes. Je le trouvai inventoriant les livres qu'on venait d'enlever au pape Pie VII, et il y avait là une Bible annotée en marge par le saint pontife, que j'aurais bien voulu escamoter et dont M. le conseiller d'État a dû faire son profit. Ce comte de fraîche date racontait très-volontiers, et d'une manière très-plaisante, les grandes scènes de la révolution, et comment il avait été le camarade de Talma, Michaud, Dugazon et autres acteurs du Théâtre-Français qui avaient marqué dans les événements de 1793. Il m'est arrivé de dîner avec tout ce monde chez M. Réal, et les libres conversations de ces hommes plus ou moins revenus de leurs erreurs, mais muselés par le pouvoir, étaient bien amusantes et bien assouplies à mes yeux.

Je vivais donc assez agréablement et accoutumé à mon travail matériel. Je ne le trouvais plus fatigant, et les bontés de ma parente madame Lacuée adoucissaient ce que cette dépendance de tous les

instants pouvait avoir de pénible pour moi. Je m'en remettais à la
Providence du soin de mon avenir, lorsqu'au mois de septembre 1807
en rangeant les papiers arrivés le matin, je lus le projet de loi d'organisation de la cour des comptes. Le sort des référendaires me parut
digne d'envie et, comme j'exprimais cette opinion, le général me demanda : « Voulez-vous une de ces places? » Et sur ma réponse affirma-
tive, il me dit qu'il allait en demander une pour moi au ministère des
finances; il le fit, et sa femme, avec sa bonté maternelle, écrivit à ce
sujet à l'Empereur, sans le dire à son mari. Peu de jours après, le
ministre répondit qu'il avait ordre de Sa Majesté de me porter sur
la liste des référendaires de deuxième classe. Voilà donc mon sort arrêté d'une manière charmante et fixé à Paris pour toujours; assurément je n'aurais jamais pu désirer davantage. Quelques jours après,
je reçus ma nomination définitive, mais ma joie fut cruellement
empoisonnée par la perte que je fis de madame Lacuée. Cette excellente femme, malade depuis dix ans d'un squirrhe, tomba tout à coup
dans un état désespéré et ne put m'exprimer le plaisir qu'elle avait
d'avoir assuré mon existence avant de mourir que par un dernier
serrement de main.

Je fus profondément affligé de la perte de cet être si bon à qui je
devais tout. Son mari désespéré partit pour la campagne après avoir
reçu son dernier soupir. Je l'y suivis, et j'ai l'espérance que ma douleur si véritable contribua à adoucir la sienne. Dans un moment
d'épanchement, M. Lacuée, me témoignant son regret de se séparer
de moi et la nécessité d'avoir auprès de lui quelqu'un en qui il pût
avoir toute confiance, je lui proposai mon frère Alban, qui travaillait
alors dans la préfecture de notre aîné, à Tours, à Agen; il fut agréé,
et j'eus le bonheur d'attirer mon second frère à Paris.

Me voilà donc titulaire d'une place à vie avec sept mille francs de revenus et des fonctions ennuyeuses, mais peu difficiles; j'avais fait

chez M. Lacuée quelques économies que j'employai à me meubler dans
un petit logement que je pris rue de Bellechasse et j'arrêtai résolûment
le budget de mes dépenses à deux mille quatre cents francs par an
qui seraient augmentés chaque année des intérêts des cinq mille
francs que j'économiserais, ce qui, au taux de l'argent alors, pouvait s'évaluer à trois cent cinquante francs ; j'ai suivi invariablement cette règle tant que j'ai été référendaire. J'ai toujours
pensé que l'homme revêtu de fonctions publiques devait être
dans une position convenable à ces fonctions pour tout ce qui était
public, mais que nul n'avait le droit de s'enquérir de ce qui se passait dans l'intérieur. Je n'étais tenu à rien ; mon costume de gala
était une robe de soie moirée; et, pour les visites du premier président
et des ministres, un habit noir avec le petit collet; ainsi ma garde-robe
obligée n'était pas bien coûteuse. En suivant la règle de conduite
que je m'étais tracée, j'avais économisé 40,000 francs en 1815 et
je dépensais 5,000 francs par an ; preuve de ce qu'on peut faire avec
de l'ordre.

Débarrassé du travail matinal du cabinet du directeur général et
disposant de mes soirées, je repris mes habitudes du monde, où j'étais
chaque jour mieux accueilli. Je fis alors connaissance plus intime
avec le marquis de Villeneuve-Vence, que mes occupations et ma position subalterne m'avaient empêché de voir souvent et dont la froide
hauteur se dérida en faveur d'un allié du même nom ; sa fille se
maria avec M. de Bassompierre, qui se lia tout de suite avec moi. Lui
et son excellente femme m'engagèrent à venir passer quelques jours
à Villemaison, où je trouvai l'ancien évêque d'Alais, oncle éloigné de
ma mère, qui écrivait alors l'*Histoire de Bossuet*. L'esprit éminent
et gracieux du prélat, devenu ensuite cardinal de Bausset, faisait le
charme de cette société, et son extrême bienveillance pour moi ne
s'est jamais démentie. Je voyais là le duc et la duchesse de Maillé et

quelquefois le chevalier de Boufflers, vieux, tout occupé des discussions sur le libre arbitre, et qui ne rappelait en rien l'auteur d'*Aline* et de tant de ravissantes poésies légères. Il y avait alors un salon à Paris tenu par madame de la Briche, qui était le rendez-vous de la bonne compagnie. J'y fus présenté et je fis partie des voyages de sa belle terre du Marais, où je connus assez intimement M. Molé, gendre de madame de la Briche, M. Pasquier, M. de Barante et quelques autres hommes distingués qui m'ont été utiles dans ma carrière. La vieille madame d'Houdetot, tant aimée de J.-J. Rousseau, était de cette société; mais elle était bien vieille alors et n'aimait pas à parler de l'homme qui n'a pas craint de mêler son nom à ses confessions. Ma bonne, mon excellente amie, madame de Vintimille, était nièce de madame de la Briche et m'appuyait fort dans ce monde étranger pour moi.

J'eus à cette époque une bien cruelle douleur par la mort de mon respectable père, victime à soixante-cinq ans d'une attaque de goutte remontée. Nous étions à cette époque six frères placés et nous prîmes la résolution unanime de laisser toute la fortune paternelle en jouissance à ma mère, et elle en a joui jusqu'à sa mort. Le dernier de mes frères fut admis à Saint-Cyr, d'où il est sorti pour mourir dans l'affreuse campagne de Russie. On trouverait, je crois, peu d'exemples d'une union aussi constante et aussi désintéressée que celle qui a toujours existé dans notre famille, si nombreuse alors, et dont je suis hélas ! presque le seul membre vivant.

Je passe sur les années qui se sont écoulées depuis 1808 jusques en 1814 et qui se ressemblent à peu près toutes pour les événements de ma vie. On se figure facilement l'existence d'un jeune homme sage, rangé, aimant la bonne compagnie et satisfait de son sort. On était beaucoup plus simple alors dans la société. L'usage était d'aller demander à dîner chez les gens qui vous y avaient autorisé et j'avais mon couvert assuré pour tous les jours de la semaine.

M. Lacuée, devenu comte de Cessac, s'était remarié avec mademoiselle de Brantes, qui, au travers de toutes ses singularités, était excellente pour moi. Je dînais tous les dimanches chez mon ancien patron,
et je lui ai conservé une respectueuse reconnaissance qui a survécu à la
mort de cet excellent homme.

La désastreuse campagne de Russie, qui vint tout à coup détruire le
prestige en l'étoile de l'Empereur, mit un terme à cette quiétude en
divergeant tous les esprits vers les graves événements que cette destruction de l'armée française allait amener. On ne parlait plus que des
pertes que venaient de faire presque toutes les familles et des chances
de la nouvelle lutte qui allait s'établir. Les victoires de Lutzen et Baut-
zen rendirent quelque espoir au pays, mais bientôt une suite de défai-
tes forcèrent nos armées à repasser le Rhin, et peu de mois après les
ennemis étaient en France. Je me rappelle encore le serrement de
cœur que je portais partout et qui s'aggravait à chaque nouveau désastre. Malgré les prodiges de l'Empereur dans cette campagne, le théâtre
de la guerre se rapprochait chaque jour de Paris. On y voyait arriver
les blessés et les prisonniers russes, qu'on avait soin de promener dans
les rues de Paris. Mes bons amis Amalric avaient un fils qu'ils avaient
cru devoir faire militaire en sortant de l'École de Saint-Germain. Il
passa quelques jours avec nous pour s'équiper; il partit le matin pour
aller rejoindre son corps à Meaux, et le soir il était tué par un Cosaque.
Peu à peu le cercle se rétrécit et bientôt ce fut aux portes de Paris que
s'établirent les champs de bataille. Je fus un soir visiter les avant-
postes, qui se trouvaient à Belleville, et je vis le maréchal Marmont
établissant des batteries sur ces hauteurs, et il était évident que la lutte
du lendemain serait sous les murs de la capitale. Je faisais partie de la
garde nationale, et, au milieu de la nuit du 30 au 31 mars, j'entendis
battre la générale et me rendis à mon poste. On nous promena dans
tous les sens, je ne sais trop pourquoi et, passant dans la rue de Lille,

M. d'Amalrie qui faisait enlever de l'hôtel de la Légion d'honneur les
armes d'honneur données pendant la révolution et échangées contre
la croix, me proposa d'échanger mon fusil contre un fusil d'honneur,
ce que j'acceptai bien vite. Me voilà donc dans les rangs avec une
arme en capucines d'argent et ornée d'une plaque du même métal sur
laquelle était écrit : *Donné à M.* *** *pour sa belle conduite à la bataille de...*

Après bien des détours, ma compagnie fut envoyée de garde pour la
nuit à la barrière de l'Étoile ; ce poste était fortifié par des palissades
et on voyait à peu de distance les feux des bivouacs ennemis . Des hommes plus animés que les autres sortaient des palissades pour aller
échanger les coups de fusil avec les avant-postes cosaques et rentraient
aussitôt. Mes voisins me témoignèrent leur étonnement de ce que je ne
sortais pas aussi de nos retranchements, étonnement motivé par mon
fusil, qu'ils croyaient être la récompense de mes anciens exploits. Cette
nuit se passa pour moi en tristes agitations, et, vers les quatre heures
du matin, un officier d'état-major vint annoncer la capitulation de
Paris, et nous reçûmes l'ordre de rentrer chacun chez nous. Je revins
à mon logement de la rue de Verneuil. Les Champs-Élysées étaient à
cette heure un curieux spectacle. Les troupes qui y étaient campées la
veille avaient reçu tout à coup l'ordre de quitter Paris ; elles étaient
parties, laissant les feux allumés, les marmites bouillant et pas une
âme auprès. Après un peu de toilette chez moi, je sortis pour aller aux
nouvelles. En arrivant sur la place Louis XV, j'aperçus un groupe
d'hommes autour d'un cavalier vêtu en bourgeois. J'approchai et trouvai M. de Vauvineux haranguant son auditoire en faveur des Bourbons. Les injures qu'il proférait contre l'Empereur et les excitations à
faire un mouvement en faveur du roi me jetèrent dans le plus indici-
ble étonnement, et j'hésitais fortement sur le parti à prendre en cet
étrange incident, lorsque César de Choiseul, qui était là, me pressa d'ê-.

tre des leurs, et déchirant son mouchoir blanc, il en distribua des morceaux aux assistants pour mettre à leurs chapeaux. Je partis avec cet ornement et, passant devant la porte de madame de Sainte-Marguerite, rue Royale, je montai pour lui apprendre ce qui s'était passé à quelques pas d'eux. L'étonnement fut extrême, mais MM. de Sainte-Marguerite et de Tremigon refusèrent de sortir avec moi ; seulement une de ces dames remplaça le morceau du mouchoir de M. de Choiseul par une belle cocarde de rubans blancs. Me voilà enrôlé du royalisme sans m'en être douté, remontant le boulevard, ne trouvant personne aux mêmes couleurs et ne recueillant, je dois le dire, que des marques d'étonnement des passants. Arrivé près de la rue d'Amboise, j'entrai chez mon ami Lassale, dont je connaissais l'exaltation royaliste, qui prit bien vite une cocarde blanche et sortit avec moi. Nous fîmes quelques pas sur le boulevard, mais, rencontrant un piquet de garde nationale, l'officier qui le commandait nous entraîna dans une allée, nous reprochant amicalement de vouloir troubler la tranquillité publique dans ce moment solennel, et il nous enjoignit d'ôter notre cocarde, sans quoi il allait nous conduire en prison. Après quelques hésitations, nous quittâmes nos insignes, qui ne trouvaient pas encore de partisans à cette heure, et je me séparai de M. de Lassale, un peu honteux de ma malencontreuse équipée.

Mais il m'eût été impossible de rester en place dans un pareil moment, et en compagnie de mon cousin du Rouret, je courus dans la plaine de Romainville voir le champ de bataille de la veille. C'était assurément un bien faible échantillon des luttes militaires, mais ce spectacle d'hommes tués, épars dans les champs et entièrement nus, ces chevaux morts ou estropiés, gisant sur le champ de bataille, ces maisons brûlées, formaient un spectacle navrant. Le camp des Russes vainqueurs était à côté, et nous pûmes traverser cette ville improvisée avec les dépouilles de toutes les jolies maisons de campagne qui ornent ces coteaux, et, pour que rien ne manquât au tableau, un industriel avait établi un bastringue à une centaine de pas du camp, où les Cosaques dansaient avec des créatures qui ne regardent pas à la nationalité lorsqu'il s'agit de gagner de l'argent. Nous traversâmes ce camp ennemi, sans être aucunement insultés ni même remarqués ; mais c'était une imprudence de jeunes gens que d'aller se fourrer les premiers en pareille société.

Rentrés à Paris, nous trouvâmes, à la porte Saint-Martin, les préparatifs de l'entrée des souverains alliés à Paris ; elle devait avoir lieu au milieu d'une haie de soldats russes de la plus belle tenue qui commençait là jusques aux Champs-Elysées. Il y avait déjà réunis sur ce point plusieurs partisans des Bourbons que je connaissais bien, attendant les princes étrangers et arborant, sous la protection des baïonnettes des vainqueurs, la cocarde blanche. Je me joignis à ces messieurs et, lorsque les souverains parurent, nous les environnâmes en criant : « Vive le roi ! vivent les Bourbons! » C'était un beau spectacle, mais bien douloureux pour un cœur français, que ce groupe des puissants du jour à cheval et entrant dans la capitale de la France. L'empereur Alexandre, alors dans l'éclat de sa beauté, se faisait remarquer entre tous par sa physionomie douce et bienveillante. Il était monté sur une selle à l'anglaise, vêtu d'un simple uniforme vert boutonné sur le devant, sans aucune espèce de broderies, et portait le cordon bleu de Saint-André ; à côté de lui était le roi de Prusse, vêtu d'un habit bleu, avec sa figure triste et inanimée, et, de l'autre côté de l'empereur, se trouvait le gros généralissime prince de Schwarzenberg, vêtu de l'uniforme blanc autrichien, qui remplaçait l'empereur d'Autriche absent, lequel ne vint à Paris que quelques jours après. Les souverains étaient suivis d'un immense état-major, et derrière eux venait l'armée russe qui allait occuper Paris.

Les spectateurs de ce grand événement étaient mornes et silencieux dans le faubourg Saint-Martin ; mais les fenêtres du boulevard étaient entièrement occupées par des femmes vêtues de blanc, agitant leurs mouchoirs blancs en criant : « Vive le roi ! vive les alliés ! » Dans les contre-allées, quelques spectateurs répétaient aussi ce cri et les démonstrations devinrent excessives sur le boulevard des Italiens. Les souverains allaient au pas. Notre groupe, qui s'était considérablement augmenté, entourait leurs chevaux, et criait incessamment : Vive le roi ! donnez-nous les Bourbons !» Et les officiers d'état-major nous disaient : « *Si vous voulez les Bourbons, demandez-les vivement, c'est le seul moyen de les obtenir.* » Alexandre, en effet, n'avait point de parti pris en entrant à Paris, et il ne donnait aucune marque d'encouragement à nos cris, se contentant de saluer les dames aux fenêtres.

Après un long trajet, dont la lenteur de la marche avait augmenté la durée, le cortége arriva aux Champs-Élysées vers quatre heures du soir. Là les souverains et le prince de Schwarzemberg se placèrent à l'entrée de l'avenue et l'armée défila devant eux. Ils étaient sans gardes et je pus me placer contre le cheval de l'empereur de Russie, m'étonnant de tant de confiance et me demandant ce qui arriverait si quelque fanatique osait attenter aux jours du tzar.

Les grilles du jardin des Tuileries étaient fermées depuis le matin. Nous croyions tous qu'elles allaient s'ouvrir pour recevoir les illustres étrangers. Quel fut notre étonnement lorsque, le défilé terminé, nous vîmes l'empereur Alexandre tourner son cheval, se diriger vers l'hôtel Talleyrand, rue de Saint-Florentin, et y entrer avec le roi de Prusse et le prince autrichien.

Bien qu'on sût confusément M. de Talleyrand hostile à Napoléon, l'existence peu honorable de l'ancien évêque d'Autun, sa politique tortueuse et sa qualité de grand chambellan n'inspiraient aucune confiance aux royalistes qui venaient de faire une démonstration publique de leurs sentiments, et ce ne fut qu'avec une grande inquiétude que l'on apprit qu'Alexandre devait habiter son hôtel, et que la première conférence des alliés devait avoir lieu avec la participation de cet homme qui avait déjà joué tant de rôles. Chacun faisait ses commentaires, soit dans la rue, soit en accompagnant le cortége, et les appréhensions des partisans des Bourbons s'accrurent vivement par l'arrivée d'une voiture de voyage qui entra à bride abattue dans la cour et d'où sortirent le maréchal Ney, le duc de Vicence et le maréchal Macdonald, qui venaient de Fontainebleau avec une mission de Napoléon. Cet incident pouvait avoir de graves conséquences, car on savait que les alliés n'avaient point encore de parti pris pour l'avenir de la France, et on pouvait supposer que Bonaparte était arrivé au point de consentir à toutes les concessions qu'on pourrait exiger de lui. Après avoir beaucoup raisonné et déraisonné, les meneurs de la manifestation des cocardes blanches décidèrent qu'il y avait lieu de délibérer sur la nécessité présente, et on se réunit dans le salon de M. de Mortfontaine. On sait ce que sont toutes les réunions de gens peu habitués aux affaires; chacun y parle, y crie, et en définitive on ne fait rien, surtout rien de bon. Donc, après maintes et maintes propositions, ce noyau de gens fiers de leurs noms, se persuada qu'il convenait d'envoyer une députation aux souverains pour leur exposer que la noblesse de France venait de se compromettre envers l'usurpateur et qu'elle leur demandait de ne jamais traiter avec lui. Cette pompeuse résolution adoptée par acclamation, il n'y eut que l'embarras de l'exécuter, et on choisit les noms les plus marquants pour aller représenter au tzar que l'élite de la noblesse de Paris demandait qu'aucune espèce de traité ne fût fait avec Bonaparte. C'était assurément bien de la présomption que de croire que l'opinion de quelques hommes sans nom politique serait de quelque poids dans une affaire comme celle qu'allaient traiter les souverains, et cette députation eut le sort qu'elle devait avoir, c'est-à-dire qu'on ne voulut pas la recevoir.

Au retour de cette belle ambassade, chacun s'en fut chez soi plus ou moins préoccupé du résultat de la grande manifestation du matin.

Je regagnai le faubourg Saint-Germain ; je fus frappé en y entrant du changement que je trouvais dans les esprits. La scène d'enthousiasme qui s'était passée sur le boulevard n'avait pas influencé le reste de Paris et je ne vis dans les rues que quelques piétons à figure sombre, les hôtels hermétiquement fermés, et un silence qui contrastait péniblement avec le bruit dont je venais d'être le témoin. J'entrai dans la rue de Lille, chez madame de Nansouty, que je trouvai au belvédère de son hôtel en compagnie de la duchesse de Montmorency, du duc de Périgord et du duc de Mortemart. Ce monde était grimpé si haut dans l'espoir d'entendre ou de voir quelque chose de ce qui se passait outre-Seine. Ils ignoraient absolument les événements de la journée, et je dois dire que le récit de ce qui venait de se passer sous mes yeux ne trouva aucune sympathie auprès des plus grands noms de France. Il est vrai que ceux auxquels je m'adressais étaient tous attachés à la maison de l'Empereur, et que, soit le sentiment du devoir, soit une juste inquiétude de ce qui allait se passer, les portait alors à voir sans aucun plaisir la chute de Napoléon.

Deux jours se passèrent dans une grande agitation qu'entretenait le silence des souverains étrangers. Mais, le troisième au matin, les murs se couvrirent d'une affiche sortie des presses de M. Michaud (qui s'en est vanté comme d'un acte de courage) qui annonçait aux Parisiens *que les souverains alliés ne traiteraient ni avec Bonaparte ni avec aucun membre de sa famille.* Cette assurance débrida le courage des royalistes ; on ne vit plus bientôt que manifestations de haine contre le grand homme abattu, plus ou moins affligeantes pour les gens sensés et parmi lesquelles il faut citer celle de Sosthènes de la Rochefoucault, faisant attacher une corde au cou de la statue de l'empereur sur la colonne de la place Vendôme et faisant de vains efforts pour la renverser. Cette tentative ridicule fut arrêtée par ordre de l'empereur Alexandre qui fit scier la statue et l'emporta en Russie.

M. de Talleyrand, après avoir obtenu des sénateurs la déchéance de Napoléon, acte de bassesse qui complétait la série de leur servilité au pouvoir, nomma un gouvernement provisoire dont il fut le président, et qui gouverna la France en attendant l'arrivée du comte d'Artois qui était en Champagne. Nous voyions paraître chaque jour des décisions qui attribuaient des emplois aux hommes marquant dans le parti, et le *Moniteur* enregistrait chaque jour l'adhésion de quelque général au nouveau gouvernement.

Le comte d'Artois arriva à Paris le 12 avril; il avait couché la veille au château de Livry, célèbre par le séjour qu'y a fait madame de Sévigné, et qui appartenait alors à la duchesse de Damas. Une quarantaine de jeunes gens des premières familles étaient allés à cheval au devant du prince, et, pour constater cette première vue, il partagèrent entre eux un ruban blanc dont ils mirent les fragments à leur boutonnière. Ce fut là l'origine de l'ordre du lis que chacun voulut avoir un moment et qui finit par tomber dans le ridicule. L'entrée du prince fut magnifique et un soleil superbe vint l'éclairer. Je ne manquai pas d'assister à cette belle cérémonie. Le comte d'Artois montait un cheval blanc et il était revêtu de ce même habit de garde nationale qu'avaient porté les fauteurs de la révolution de 1789. La bonne grâce proverbiale de ce prince séduisit la foule et cette entrée au milieu de la garde nationale parisienne (car les alliés avaient eu le bon goût de ne montrer aucun uniforme étranger) fut un véritable triomphe. Dans le récit qu'en firent le lendemain les journaux, on mit dans la bouche du prince la phrase charmante : *Il n'y a rien de changé en France, il n'y a qu'un Français de plus*, qui fut alors accueillie comme sienne, mais qu'on a su depuis être sortie de la plume du spirituel M. Beugnot; dans ce moment Paris présentait l'image d'une joie confiante et d'un enthousiasme qui paraissait sortir de tous les cœurs ; hélas ! qui nous eût dit alors que, quinze ans après, ce même prince serait renversé de son trône par ce même peuple.

Le comte d'Artois prit le titre de lieutenant général du royaume, et, par suite de son ignorance des choses et de l'empire naturel qu'exerçaient les souverains alliés, il signa bien des décisions dommageables aux intérêts de la France, qui eurent un fâcheux effet sur l'esprit public. Entre autres, il céda d'un trait de plume tout le matériel existant dans les ports qui allaient cesser d'appartenir à la France ; ce qui était au moins discutable. Dès ce moment perça dans l'entourage du prince, entièrement composé d'anciens émigrés, des sentiments d'absolutisme et des souvenirs de Versailles qui ne pouvaient convenir à une nation qui les avait oubliés depuis vingt-cinq ans.

On attendait le roi avec impatience et lui seul pouvait organiser définitivement le gouvernement. Il fit son entrée le 4 mai au milieu d'un grand enthousiasme. Mais, pour nous, jeunes gens élevés dans les idées nouvelles, et accoutumés à la solennité de la grandeur militaire, ce fut un spectacle au moins singulier que cette grande calèche présentant à nos regards un gros homme âgé, poudré, vêtu d'un simple frac bleu avec deux petites épaulettes ; ayant à ses côtés une femme vêtue à l'anglaise, avec un immense chapeau blanc, et sur le devant de la voiture un vieillard aussi en frac bleu avec un petit plumet blanc à son chapeau ; c'était le prince de Condé, en qui nous avions bien de la peine à reconnaître le héros de l'émigration. A côté de la voiture était le duc de Berry à cheval, court et gros, la tête dans les épaules et ne rappelant en rien la taille élégante de son père.

Cette impression fâcheuse céda bien vite à la grandeur de la cérémonie, et le triomphe fut complet. La foule était si compacte que ce ne fut que vers quatre heures que le roi, après s'être rendu à Notre-Dame, put arriver aux Tuileries au milieu des vivats mille fois répétés.

Le lendemain parut la liste des nouveaux ministres ; c'était MM. de Talleyrand aux affaires étrangères, et de Blacas à la maison du roi, Dambray à la justice, qui reprit le nom de garde des sceaux, Ferrand à la marine, Dupont à la guerre, l'abbé Louis aux finances. Ces choix ne satisfirent point le public. Le premier était un favori inconnu, bien placé à la maison du roi, s'il ne s'était pas occupé d'autre chose. M. Dambray avait été avocat général au parlement, mais il n'avait rien fait depuis vingt-cinq ans et le poids paraissait bien lourd pour lui. M. Ferrand n'était connu que par la vivacité de son royalisme. Dupont avait été un général illustre dans les armées françaises, mais sa capitulation de Baylen avait terni sa gloire et, à tort ou à raison, on ne voyait dans ce choix que l'ennemi juré de Napoléon. L'abbé Louis était connu comme un homme capable, et il l'est devenu davantage dans ses divers ministères. Quant à l'abbé de Montesquiou, c'était un homme d'esprit, qui avait marqué dans l'Assemblée constituante, mais dont l'habit était un motif d'exclusion dans un pareil moment. Un autre choix pour un emploi aussi important qui affligea les gens sensés fut la nomination de l'abbé de Pradt, archevêque de Malines, au poste de grand chancelier de la Légion d'honneur, et on ne pouvait s'expliquer comment on avait choisi cet abbé à face blême, au mollet détaché, coiffé d'une rondache bien poudrée, pour représenter un ordre essentiellement militaire. Il est vrai que ce prêtre audacieux croyait avoir renversé Bonaparte par ce livre que je lui avais entendu lire chez l'abbé Morelet et dans lequel il avait appelé Napoléon, Jupiter Scapin, et que, de son autorité privée, il était allé s'établir à la grande chancellerie et s'était nommé grand cordon de l'ordre. En somme, on ne voyait dans le cabinet que des partisans outrés de l'émigration, ou des ennemis de Napoléon quand même.

La charte parut deux jours après. Elle satisfit en général ; mais la clause qui ratifiait la vente des biens d'émigrés indigna ceux-ci et, comme ils voyaient le roi reprenant son trône, ils auraient voulu reprendre leurs biens, sans vouloir comprendre que ce grand levier de la révolution, *les biens nationaux*, datait de vingt-cinq ans; que le gage avait passé de main en main; qu'il avait été divisé dans les familles; qu'on ne pouvait y toucher sans soulever la moitié de la France, et qu'il fallait désormais regarder cette grande spoliation comme un fait accompli. La seule mesure à prendre eût été d'accorder une indemnité aux émigrés, mais d'abord l'état des finances au moment d'une invasion, dont on ne pouvait prévoir les conséquences, ne le permettait pas, et je ne sais même si cette mesure eût satisfait les émigrés qui élevaient la prétention d'une entière restitution. On a dit que, en passant cet article sous silence dans la charte, les acquéreurs effrayés auraient traité avec les anciens propriétaires; mais c'était établir une guerre permanente entre deux portions de citoyens et cette lutte n'était pas égale; c'était jeter un brandon de discorde dans un moment où l'on avait besoin de réunir tous les partis.

On blâmait aussi l'indulgence pour les régicides, et l'on citait à l'appui de cette opinion la rigueur qu'on avait exercée contre ceux d'Angleterre à la restauration de Charles II. Chez nos voisins c'était la nation tout entière qui avait rappelé les Stuarts; ils succédaient à Cromwell, dont le règne n'avait duré que huit ans, et le souvenir de la révolution de 1648 était vivant dans le cœur de tous les Anglais. Nos malheurs dataient de bien plus loin. Le règne si glorieux de Napoléon avait fait oublier les Bourbons, et, il faut bien le dire, ce sont les baïonnettes alliées et non les vœux d'une minime partie de la nation qui nous ont rendu le gouvernement légitime.

D'autres disaient que le roi, au lieu de transformer la France en royaume constitutionnel, devait gouverner comme Bonaparte, et l'expression de coucher dans le lit de l'Empereur en changeant les draps était fort à la mode dans quelques salons. Mais aux yeux des gens sensés la chose était-elle possible? Un vieillard impotent pouvait-il saisir d'une main assez ferme les rênes d'un gouvernement où un homme ferait tout. Pouvait-il maîtriser l'armée? D'ailleurs le gouvernement impérial était usé en France; les guerres continuelles avaient lassé la nation, et on se fût révolté contre un despotisme sans gloire, dans la main d'une famille qu'on regardait presque comme étrangère et dont le nom seul était synonyme de douceur et de mansuétude. Les Bourbons ne pouvaient s'établir en France qu'avec un gouvernement constitutionnel, et si on l'avait adopté franchement on eût peut-être surmonté les difficultés qui environnaient le nouveau règne.

Louis XVIII était assurément un homme de beaucoup d'esprit, mais nulle connaissance des hommes et des choses. Son séjour prolongé en Angleterre avait pu le familiariser avec les théories d'un gouvernement parlementaire, mais les souvenirs de Versailles dominaient, et son entourage était bien fait pour ne pas les faire perdre. A peine entré aux Tuileries, il fut environné de ses anciens courtisans, protestant de leur dévouement, mais demandant tous quelque chose. La restitution des bois en satisfit quelques-uns, et on fit une curée aux autres des millions que Napoléon avait laissés dans son trésor particulier. Il suffisait, dans le premier moment, d'alléguer quelques dommages révolutionnaires pour obtenir une grosse indemnité sans enquête préalable, sans qu'on exigeât des preuves. Je tiens du prince de Bauffremont que son beau-père, ayant réclamé au roi une indemnité pour l'incendie du château de Scey-sur-Saône, qui était une masure abandonnée avant la révolution, on accorda 400,000 francs d'indemnité au dit prince, que cela ne rendit certes pas plus dévoué aux Bourbons. Chacun de ceux qui approchaient le roi arrivait avec des conseils, des systèmes de gouvernement qui devaient tout arranger. Heureux encore lorsqu'ils ne prenaient pas pour point de départ

le rétablissement des dîmes, des droits féodaux et la division de la
France en provinces. Chacun parmi l'ancienne noblesse cherchait à
tirer parti de la circonstance. Je reçus un jour une invitation de me
trouver tel jour aux Tuileries où la noblesse de Provence devait être
présentée au roi qui avait porté le nom de cette province. La réunion
était assez nombreuse et nous nous demandions ce qui allait se passer,
lorsque MM. de Sabran et de Glandevés sortirent de nos rangs et nous
présentèrent au roi comme présidents de la réunion. Ils n'en avaient
aucun droit, puisqu'il faut parler net. Quelques jours après, ces messieurs furent faits pairs de France. Peu de jours après l'entrée des
alliés, M. de Nesselrode, effrayé de la quantité des lettres adressées à
l'empereur Alexandre par des Français, et ne connaissant rien à ces
natures de demandes qui affluaient, demanda à M. Pasquier de lui
indiquer quelqu'un à qui il pût confier le soin de cette correspondance. M. Pasquier me proposa de remplir cet office, et comme il n'y
avait là rien de politique, j'acceptai et fus chez M. de Nesselrode, qui
m'attendait dans un cabinet où gisaient des monceaux de lettres en
me priant de les ouvrir et de dicter les réponses à ses secrétaires
C'était un peu la toile de Pénélope, car j'avais beau faire justice de la
plupart de ces demandes ridicules en les mettant au feu, il en arrivait
chaque jour de nouvelles en masse, et je dois dire qu'elles n'étaient
pas à l'honneur des Français, qui demandaient de l'argent, des faveurs,
des croix, etc. J'ai vu là de vilaines choses, et je me rappelle avoir
tenu dans mes mains une lettre d'une personne que je voyais beaucoup, qui demandait la croix de Malte et qui l'avait arborée à l'entrée du roi. Au moment de quitter Paris, l'empereur Alexandre me
donna fort généreusement la croix de Saint-Wladimir de deuxième
classe.

Mon existence changea peu pendant 1814; seulement, ayant fait
partie d'une députation du conseil général du département du Var,

on me donna la croix de la Légion d'honneur que l'on commençait à prodiguer pour la ravaler. J'étais un peu vexé de mon habit de robin qui me paraissait mal aller avec mon nom, et que je n'aurais pu porter dans les grandes réunions où chacun avait un uniforme, car l'épaulette était devenue un besoin général. Paul Courier a dit quelque part que c'était un grand malheur que le roi fût rentré avec des épaulettes, parce que chacun avait voulu en avoir, et que c'était ce qui avait le plus blessé l'armée; pour moi je n'en avais point et j'en gémissais. Quelquefois il m'avait même pris la velléité d'entrer dans les gardes du corps; mais mon peu de fortune et ma raison me firent bientôt renoncer à cette tentation d'orgueil. Mes frères, Christophe et Alban, étaient préfets et avaient été admirablement traités par le duc d'Angoulême pendant son séjour à Bordeaux. Mes sociétés étaient restées les mêmes, seulement l'amitié de madame de Vintimille, dont la sœur, madame de Fezensac, tenait la maison de l'abbé de Montesquiou, ministre de l'intérieur, m'avait introduit dans sa société intime. On s'efforçait de se persuader que la révolution était finie. Les Chambres se montraient dociles; elles avaient voté une magnifique liste civile pour la famille royale, donné une somme considérable pour le payement des dettes du roi; mais les gens clairvoyants s'effrayaient de la marche défectueuse du gouvernement qui paraissait vouloir tenir le moins de compte possible de la période révolutionnaire, et qui blessait à plaisir la partie active de la nation. Le rétablissement des gardes du corps et des compagnies rouges avait créé une multitude d'officiers qui n'avaient jamais servi, et avait irrité l'armée au dernier point. On se moquait des officiers d'avant la révolution, qu'on appelait les voltigeurs de Louis XIV, et dont en effet plusieurs avaient une tournure ridicule sous l'uniforme. Le choix des préfets était déplorable, et déjà la presse prenait un caractère hostile. Mais, au-dessus de tous ces symptômes, le séjour de l'empereur

déchu à l'île d'Elbe paraissait une épée de Damoclès toujours prête
à tomber sur les puissants du jour.

Cette appréhension ne devait que trop tôt se réaliser. J'étais, dans
les premiers jours de mars au ministère de l'intérieur, le soir, lorsque l'abbé de Montesquiou rentra en nous donnant pour nouvelle
qu'on venait d'apprendre l'arrivée de Napoléon sur la côte d'Antibes ;
il ajouta que les mesures étaient prises pour que cette tentative in-
sensée reçût un prompt châtiment. Le lendemain et les jours suivants,
on parlait beaucoup de ce retour sans s'en effrayer. On disait qu'il était
venu provoquer des mesures de rigueur qu'on n'aurait pas pu prendre
sans cela. On savait qu'en quittant la plage d'Antibes, il avait marché
sur Grenoble précisément par la route que j'avais suivie avec mes
mulets, en venant pour la première fois à Paris, et, lorsque je parlais
des difficultés des chemins, en personne pratique, j'étais fort écouté
dans les salons. Les proclamations contre l'ogre de Corse et les pro-
testations de dévouement arrivaient de la part de tous les fonctionnaires publics. Le maréchal Soult avait remplacé au ministère de la
guerre le général Dupont, et ceux qui comptaient sur son dévouement
croyaient à l'efficacité des mesures stratégiques qu'il avait dû prendre.
Ce ne fut que lorsqu'on connut l'entrée à Grenoble, suivie de si près
de celle de Lyon, d'où le comte d'Artois et le duc d'Orléans revinrent
précipitamment, que l'on commença à s'effrayer. Il fut question
d'organiser la jeunesse royaliste en corps de volontaires pour marcher
contre l'usurpateur, et on désigna Vincennes comme le lieu de la
réunion. Je m'y rendis avec M. de Bassompierre avec lequel j'étais
très-lié, bien décidés tous deux à nous enrôler dans cette légion dévouée. En arrivant dans la grande cour, le 18 mars, un vieux général,
peu expert en matière militaire, mais bien poudré et pommadé, nous
fit mettre en ligne, en nous disant qu'on allait procéder à notre organisation. (Je me rappelle que j'avais à mes côtés Odilon Barrot qui,

depuis, ...). Et, pour employer son temps, le général passait de temps
en temps devant le front du bataillon et, agitant son chapeau, il nous
disait : *Messieurs, criez : Vive le roi !* Après deux ou trois invocations de
ce genre, je me permis de dire à ce général vociférant le royalisme,
que si nous n'avions pas l'intention de faire mieux que de crier nous
ne serions pas à Vincennes ; que les moments étaient précieux et qu'on
ferait bien mieux de nous organiser et de nous faire partir. A quoi
il me fut répondu qu'on y travaillait activement. Vers cinq heures du
soir, on vint nous dire que la matricule n'était pas prête et que nous
pouvions retourner chez nous pour revenir le lendemain matin. Nous
fûmes exacts, M. de Bassompierre et moi, à retourner le lendemain à
Vincennes. Même alignement, même invitation du cri royaliste, et
même inaction. Je me souviens qu'il y avait dans la cour un régiment
de cuirassiers réuni pour partir et combattre Bonaparte. Ces cavaliers, à
l'instigation de leur colonel, criaient « Vive le roi ! » bien plus fort qu'on
ne voulait nous le faire crier, et un de ces généraux organisateurs
nous disait, en écoutant ces voix sonores, retentissant au fond de son
cœur candide : Messieurs, comment avec des troupes si dévouées pour-
rait-on avoir quelque doute sur l'issue de la lutte ! Au sortir de la
porte, le régiment entier partit au galop en criant « Vive l'Empereur »
à tue-tête. A quatre heures, la matricule n'étant pas achevée, on vint
nous dire de nous en retourner. Le lendemain (20 mars), je partis
furieux en jurant bien que je ne reviendrais plus dans cette pétau-
dière, et, en traversant le faubourg Saint-Antoine, je rencontrai M. de
Bastard, alors conseiller à la cour royale, en uniforme d'officier de
la garde nationale, à qui je racontai mon désappointement de Vincennes. Il me dit alors qu'on avait recruté dans la garde nationale de
Paris une légion d'hommes dévoués au roi ; que cette légion était commandée par M. le comte de Brévanes et partait le lendemain matin
pour aller au devant de l'usurpateur ; que si je voulais en faire partie,

il allait m'y faire admettre ; qu'il suffirait de se rendre à la place Royale où se faisait l'organisation, et où il se rendait. C'était tout près ; j'accompagnai M. de Bastard et je fus incontinent incorporé.

La soirée se passa en allées et venues dans le faubourg Saint-Antoine avec des cris de « Vive le Roi! » continuels pour rassurer, disait-on, l'opinion publique, et on nous renvoya chez nous avec ordre de nous trouver le lendemain à cinq heures du matin avec armes et bagages pour nous mettre en route.

Le lendemain, j'arrive à l'heure dite à la place Royale ; il n'y avait personne. Je m'en étonnais, lorsqu'un passant m'annonça le départ du roi. Je courus aux Tuileries, où j'appris qu'en effet le roi était parti dans la nuit, ne laissant aucun ordre, et qu'on ne savait où il était allé. Fort désappointé, je rentrai chez moi où je cachai mon fusil et mon uniforme, et ainsi finit ma campagne contre l'échappé de l'île d'Elbe. Je restai convaincu que les oppositions n'étaient point faites pour moi.

Après avoir parcouru Paris, qui présentait les apparences d'une vive attente, je fus vers deux heures avec un de mes amis sur la place du Carrousel. Elle était pleine de monde attendant en silence ce qui allait se passer dans ce palais, dont les grilles étaient hermétiquement fermées, et regardant ce pavillon veuf de drapeau. Vers quatre heures arrive un groupe d'officiers généraux parmi lesquels je reconnus le général Excelmans, qui firent ouvrir la grille de la cour, entrèrent au château, et, quelques moments après, on hissa le drapeau tricolore au haut de ce mât où flottait le drapeau blanc la veille. A cette apparition, la foule poussa des cris de « Vive l'Empereur ! », mais quelques spectateurs crièrent : *A bas !* sans que ces manifestations si diverses amenassent la moindre contestation. Les boutiques de joailliers se couvrirent à l'instant de petits aigles d'argent suspendus à un ruban tricolore qu'on portait à la boutonnière, et l'on prit des bouquets de violettes comme signe de ralliement impérialiste ; ce qui donna à l'humble fleur une célébrité qu'elle n'avait pas cherchée, qui fut jusqu'à nommer l'empereur le père La Violette, dans les chansons qu'on chantait dans tous les carrefours.

La journée s'acheva tranquillement. A neuf heures du soir, j'étais sur le pont Royal, lorsque je vis arriver une berline de poste, les stores levés, et escortée par un détachement de cuirassiers : c'était Napoléon qui entrait aux Tuileries par le pavillon de Marsan. Je le vis de loin, reçu aux flambeaux sur le perron de l'Horloge, par des généraux qui l'emportèrent sur leurs bras dans ses appartements. Les portes se refermèrent, et Paris reprit son calme, sauf les chanteurs ambulants qui s'en allaient nasiller sur les places la chanson de circonstance : *Il est avec nous le père La Violette,* etc.

Napoléon était aux Tuileries ; il pouvait s'asseoir sur le trône d'où les représailles des alliés l'avaient précipité, mais il n'avait pas retrouvé son omnipotence, et le premier moment d'ébahissement passé, les chansons, les caricatures et les pamphlets circulaient sans une répression suffisante. L'annonce pompeuse d'une assemblée du champ de mai, où la nation adopterait une nouvelle constitution, indiquait seule que le lion était disposé à se laisser limer les griffes, sauf à les aiguiser plus tard. Cette cérémonie à laquelle j'assistai aurait été imposante sans la disposition où en étaient venus les esprits ; elle ne parut que ridicule, et on rit beaucoup de l'habillement blanc brodé d'or de Napoléon, de Joseph, de Lucien et de Jérôme Bonaparte.

Le seul moment vraiment beau fut celui où, reprenant l'attitude militaire, l'empereur monta seul sur une estrade au champ de Mars, et, après une vive allocution aux troupes, donna de nouveaux drapeaux aux régiments, en les faisant partir pour Waterloo.

Ma position n'avait pas changé à la cour des comptes, où rien n'avait été innové. La société que je fréquentais était fort hostile au gouvernement des Cent jours. Les hommes politiques qui en faisaient par-

tie étaient presque tous disgraciés; M. de Nansouty était mort capitaine
des mousquetaires gris; M. de Rémusat avait été destitué ainsi que
M. de Barante et autres; M. Pasquier était exilé; mais on regardait
le temps présent comme un orage qu'il fallait laisser passer et qui allait se décider par les baïonnettes; partant tout allait comme de coutume. Madame de Briche, établie dans sa belle terre du Marais, m'ayant
invité à y aller passer quelques jours, j'y fus vers le milieu de juin, et
je trouvai dans ce château presque tous les disgraciés et M. Molé, qui,
sommé de reprendre la place de grand-juge, avait décliné cet honneur,
et, obligé d'accepter le conseil d'État et la direction générale des ponts
et chaussées, errait d'eaux en eaux pour ne pas siéger.

On s'attendait chaque jour à quelque grande affaire, car on connaissait assez Napoléon pour être bien assuré qu'il hâterait une rencontre
décisive avec les alliés et on était, au Marais, aux aguets des moindres
bruits politiques. Un soir, un billet au crayon annonça à M. Molé la dé-
faite de Waterloo; il était écrit par un de ses voisins; à peine avait on
lu et commenté cette grande nouvelle que tous ces messieurs deman-
dèrent des chevaux de poste pour regagner Paris, et, comme il n'y en
avait pas pour tout le monde les autres prirent des chevaux de la ferme
pour ne pas retarder un instant leur retour. Je restai seul avec ces dames m'étonnant de l'empressement de ces messieurs. Je revins moi-
même quelques jours après et trouvai les choses bien avancées. L'empereur était à Paris, sans autorité, et le futur ministère dans lequel devaient figurer ceux qui venaient de quitter le Marais, nommé in-petto.
Je ne m'étonnai plus alors de la précipitation de leur retour.

Quelques jours après, l'empereur partit pour Rochefort, d'où il essaya
vainement de réclamer la générosité des Anglais. Les alliés rentrèrent
à Paris, et la rentrée du roi, qu'on regardait comme inquiétante à cause
de la rage des bonapartistes vaincus, mais non soumis, se fit au milieu de
l'enthousiasme le plus vif. Dès le lendemain, il s'établit des danses sous

les fenêtres des Tuileries et l'on faisait des rondes au chant d'une chanson de circonstance dont le refrain était : « Rendez-nous notre père de Gand, rendez-nous notre père. » Et pour n'être pas gêné par les passants, les danseurs politiques s'étaient établis dans un des carrés sous les fenêtres du roi et foulaient incessamment les fleurs et les gazons dont il était garni. Un jour, en traversant les Tuileries, je vis une jeune et jolie femme qui s'efforçait de franchir modestement la grille du carré où les rondes étaient établies ; ses efforts ayant été vains elle s'adresse à moi pour la passer de l'autre côté. Je la soulevai à bras-le-corps et aussitôt l'obstacle franchi elle courut se mêler à la danse en chantant : « Rendez-nous notre père de Gand. » Louis XVIII se montrait souvent à sa fenêtre, envoyant des baisers à la foule, et mettant sa main sur son cœur. Ces fréquentes apparitions royales entretenaient et réchauffaient l'enthousiasme.

Quelques jours après la rentrée du roi, madame de Vintimille, que je voyais tous les jours, me dit que M. Pasquier, alors chargé du ministère de l'intérieur, s'occupait de moi, et m'engagea à aller le voir. J'y fus en effet et je trouvai le nouveau ministre fort occupé à faire sa barbe, et il n'eut que le temps de me dire entre deux bulles de savon, qu'il ne m'oubliait pas.

Membre de la cour des comptes, je n'avais jamais rêvé d'avancement que dans cette carrière sûre et tranquille. Je revins de chez le ministre faisant mes châteaux en Espagne, et me voyant incessamment maître des comptes, ou tout au moins référendaire de première classe. J'étais un matin chez moi, rue de Verneuil, pensant à mon avenir, lorsque un M. Layet de Bargemon entra chez moi, me faisant compliment sur ma nomination à une préfecture. Mon frère Christophe, depuis longtemps préfet à Agen qui avait été destitué pendant les Cent jours, avait la certitude d'être replacé ; mon frère Alban, préfet à Montauban, était dans le même cas. Nous avions fait des démarches pour que mon frère Fer-

dinand, ancien sous-préfet de Castellane, que le duc d'Angoulême avait
fait préfet provisoire des Basses-Alpes, dans les Cent jours, fût confirmé
dans ses fonctions; mais, quant à moi, je n'avais aucun titre pour deve-
nir le quatrième préfet dans la famille; aussi niai-je ma nomination,
et ce ne fut qu'en lisant mes noms et qualités dans la gazette officielle,
que M. Layet fut me chercher, que je pus me persuader que j'étais
bien véritablement préfet du département de la Haute-Saône, à Vesoul.

C'était fort beau assurément; mais il y avait bien un revers à la
médaille, car le département où l'on m'envoyait était couvert de troupes étrangères. Le gouvernement du roi était à peine assis et il était difficile de prévoir l'avenir; aussi me disais-je quelquefois que j'avais
tort de quitter une existence tranquille et agréable pour aller courir
des chances incertaines et périlleuses. Mais j'étais trop avancé pour reculer et je fis mes préparatifs de départ. Le ministre de la police Fouché fit dire aux préfets présents à Paris de ne point partir sans prendre ses instructions, et nous assigna un rendez-vous collectif. Nous
étions tous réunis lorsque le proconsul de Nantes, transformé en duc
d'Otrante, puis en ministre d'un Bourbon, entra dans la salle; il adressa
à chacun de nous des paroles souvent insignifiantes, à moi par exemple:
« Monsieur de Villeneuve, vous allez en Franche-Comté, vous aurez du
« mal; parlez beaucoup du roi. Le roi veut le bien de la France. Allons,
« partez bien vite. » Mais, en s'approchant de M. de Brosses, qu'il connaissait, il lui dit : « Ah! monsieur de Brosses, vous allez à Nantes?
« C'est difficile; je connais beaucoup Nantes; vous trouverez là des
« royalistes excessifs, ce que nous appelons des voltigeurs de Louis XIV.
« (Faisant un geste expressif), des chiquenaudes sur le nez; vous trou-
« verez ensuite quelque chose de plus dangereux : les révolutionnaires,
« les républicains (nouveau geste expressif), des coups de pied dans les
« os des jambes, et vous passerez. Allez, allez! »

Je ne puis m'empêcher d'ajouter encore ici une singulière allocu-

tion du ministre de la police, c'est celle qu'il adressa à M. d'Arbaud-Jonc-
ques, homme pieux et excellent, qui venait d'être nommé préfet à
Nîmes : « Vous allez à Nîmes, monsieur d'Arbaud ; c'est un très-bon choix
« pour un pays de religion mixte ; vous êtes philosophe... — Moi philo-
« sophe, monseigneur ! s'écrie d'Arbaud, en levant les bras au ciel ; je
« ne suis point philosophe, je suis catholique apostolique romain, je
« crois à ma religion ; mais je ne gêne personne et... — C'est la même
« chose, interrompt le ministre ; c'est la même chose ; allez, allez !... »

Voilà tout ce qui nous fut donné pour instructions et nous partîmes
sans en avoir reçu d'autres. J'achetai une chaise de poste de hasard ;
je mis 5,000 francs dans ma ceinture et, dans la compagnie de mon
domestique, je m'embarquai à la garde de Dieu. La route que je par-
courais était couverte de troupes étrangères ; il fallait dans toutes les
villes aller comparaître devant les commandants de place plus ou moins
polis, et faire viser exactement ses papiers. La Champagne, que je tra-
versai, offrait un triste spectacle des malheurs de la guerre et le château de Brienne, où s'était livrée une des dernières batailles, était
l'image de la désolation. Après Langres, une borne m'apprit que j'entrais dans le département de la Haute-Saône, et dès ce moment, j'exami-
nai attentivement ce qui se faisait et se disait dans le pays. A chaque
relais où je descendais incognito, je demandais des nouvelles de ce qui
se passait à Vesoul (mon chef-lieu). L'un me disait qu'on s'y était vivement battu, l'autre que tout y était dans le plus grand désordre, que le
pays était infesté de brigands, et ce fut avec les appréhensions les plus
vives que je fis mon entrée dans la capitale de mes nouveaux États. Je
me fis conduire à la préfecture, bien qu'on m'eût dit qu'elle était occupée par les Autrichiens. Je trouvai dans le rez-de-chaussée de cette horrible maison, décorée du nom de préfecture, un appartement vacant,
composé d'une manière d'antichambre, d'une pièce dont je fis mon cabinet, d'une autre où je fis mettre un lit, qui me servit en même

temps de salle à manger. Mon serviteur dut coucher sur un lit de san-
gle dans l'antichambre, et voilà le bel établissement que j'étais venu
chercher et que j'ai habité six mois.

A peine entré dans ce logis sale et humide, je fus inondé de visiteurs
qui venaient m'entretenir de leurs affaires, me dénoncer quelqu'un et
me donner des conseils sur ce que je devais faire, me traiter enfin en
préfet. Mais, comme si j'avais eu besoin d'être initié au rôle infime
que les alliés entendaient faire jouer aux autorités françaises, l'intendant autrichien vint me demander ce que je comptais faire à Vesoul,
attendu que l'administration appartenait à lui seul, et qu'il comptait
bien ne s'en pas dessaisir. J'exhibai à ce maledetto Tedesco ma commission de préfet, et comme cela ne le fit point démordre de ses
prétentions, je signifiai que j'allais à l'instant retourner à Paris, où
j'allais me plaindre de l'impossibilité où l'on voulait me placer
d'exercer mes fonctions, et que je le rendais, lui intendant, respon-
sable des suites de ce départ. Lorsque ce gros Allemand vit que je le
prenais sur ce ton, il me crut plus assuré de l'état des choses que je
ne l'étais réellement, et, après quelques pourparlers, il consentit
à abandonner la direction civile ; je fis aussitôt procéder à mon
installation par le procès-verbal du secrétaire général, et je me
couchai sur un grabat, le 24 juillet 1815, bien et dûment préfet de la
Haute-Saône, mais un peu effarouché de cette scène, qui devait être
suivie de tant d'autres.

A la pointe du jour, j'entrai en conférence avec le portier pour me
procurer ce qui m'était nécessaire pour compléter mon installation, et,
décidé à vivre chichement, en attendant qu'il pût être question de
toucher des appointements, je traitai avec un restaurateur, qui, pour
six francs par jour, me nourrissait passablement, moi et mon domestique. L'exiguïté de mon logement se prêtait d'ailleurs à cet arrangement, car j'étais obligé de manger dans ma chambre à coucher.

Assuré du vivre et du couvert, je me livrai tout entier à tous les tracas qui m'attendaient. J'étais étranger à l'administration d'un département, mais j'en connaissais les éléments, et en temps ordinaire j'aurais suffi à ma tâche après un peu de travail. Mais la direction n'était rien à côté de la nécessité de pourvoir à la nourriture des troupes étrangères qui occupaient le département, et d'apporter quelque régularité dans ce service très-variable, selon les besoins ou les caprices de nos amis les ennemis. C'était une triste et immense occupation. Pendant les premiers jours, je signai tout ce qu'on me présenta, mais, après m'être bien rendu compte de l'état des choses, j'adoptai une marche définitive. Celle qu'on prenait presque sur tous les points de la France atteints par les troupes étrangères était d'établir un impôt au marc le franc, et avec le produit de cette contribution extraordinaire de traiter avec des fournisseurs qui pourvoyaient aux besoins des troupes. Dans l'intérêt du pays qui m'était confié, je crus devoir prendre une route différente, bien autrement fatigante pour l'autorité. La récolte de 1814 avait été très-abondante en céréales, en Franche-Comté; les bestiaux y étaient en grand nombre et je jugeai qu'il serait plus utile au département de consommer les denrées en nature, que d'exiger de l'argent, qu'on aime à garder, surtout en temps de révolution. Mais l'exécution de ce système amena bien plus de difficultés que je ne l'avais d'abord supposé. Il fallait répartir les réquisitions entre les communes et faire une péréquation égale. Je ne connaissais point le pays et me trouvais forcé d'adopter la répartition que me présentaient nos bureaux, qui avaient leurs communes protégées, pour lesquelles on allégeait le fardeau; de là, des réclamations sans nombre, toujours du retard dans les fournitures et souvent des refus. D'un autre côté, les Autrichiens se plaignaient qu'ils ne recevaient pas leurs rations complètes et les prenaient arbitrairement. Il fallait avoir des magasins à la charge de la direction, des parcs de bestiaux ; c'était une besogne infernale et à en perdre la tête. Les exigences allaient tous les jours croissant, à mesure qu'on approchait du terme de l'occupation de nos contrées. Un jour, c'étaient des planches pour un camp de plaisance à Dijon, un autre des passages d'état-major qu'il fallait festiner. Chaque gros personnage avait droit à une table d'un nombre de couverts proportionné à son grade et qu'il fallait servir avec abondance ; car c'étaient tous gens bien endentés. Un jour, on décida qu'il serait établi un hôpital militaire à Vesoul, et le directeur (je me rappelle qu'il se nommait Nicodème), en me présentant la liste des objets dont je devais fournir l'établissement, m'annonça avec un cynisme sans exemple, que si je ne mettais pas 500 francs dans sa main, il rejetterait toutes mes fournitures. Je traitai ce fripon comme je le devais ; mais ce coquin me tint parole, et bien que les médicaments fussent de première qualité, il les rejeta tous comme mal préparés.

J'en envoyai d'autres qui eurent le même sort et je fus obligé de faire donner le pot-de-vin exigé par Nicodème, pour empêcher qu'il ne fît un enlèvement chez les pharmaciens par voie d'exécution militaire. Je me plaignis au général ; on nomma une commission et tout en resta là. Chaque jour c'était quelque scène nouvelle, et je n'avais personne pour m'aider à les éviter. La ville de Vesoul, de sa nature pauvre en ressources de société, l'était devenue encore davantage à cause de l'émigration des principaux habitants et de la nécessité où se trouvaient les autres de rester chez eux pour y surveiller les hôtes étranges et étrangers que la guerre leur avait donnés. Lorsque après une journée brûlante (nous étions au mois d'août), j'avais été occupé jusqu'à cinq heures de fatigantes affaires, je faisais un mauvais dîner, et j'allais me promener seul dans la campagne ; mais on ne peut pas toujours se promener, et je rentrais le plus tard que je pouvais pour achever ma soirée dans mon cabinet étouffant, où je n'avais pas même la ressource d'avoir des livres. C'était une vie fort triste ; je ne la supportais que par l'espoir que nous serions bientôt délivrés des troupes autrichiennes. Le ministre nous leurrait de cette délivrance, en nous exhortant à résister en attendant aux demandes exagérées qu'on pourrait nous-faire. L'occasion s'en présenta bientôt pour moi. Un matin, je reçus de l'autorité militaire l'ordre de verser cent vingt-cinq mille livres pour achat de chevaux pour l'armée ; l'injonction finissait par la formule ordinaire : « Sous peine d'exécution militaire. » Je refusai, et écrivis bien vite à Paris pour avoir des instructions à ce sujet ; comme toujours, on ne me répondit pas. Car dans la position où se trouvait le gouvernement, il laissait les préfets se tirer d'affaire comme ils le pouvaient, sauf à les destituer s'ils n'avaient pas bien réussi. Le général, irrité de mon refus formel, envoya au jour fixé pour l'exécution militaire, un lieutenant et cinq hommes pour me retenir prisonnier chez moi, avec cette aggravation de peine que je devais solder mes gardiens à raison de trois francs par jour pour l'officier, deux francs pour le sergent, et un franc pour chacun des soldats ; amende qui devait se doubler par chaque jour de retard. L'officier devait manger à ma table et loger chez moi, pour me mieux garder. Or, comme je n'avais pour tout bien qu'une petite chambre, et que je vivais d'une modeste ration qui ne pouvait être partagée, force fut d'entrer en composition avec le commensal qu'on venait de me donner, et moyennant deux francs par jour, il consentit à aller manger chez lui la ration que le département lui fournissait, et à conserver son logement. Chaque matin je mettais dans sa main le montant de ma garde journalière pour lui et ses gens ; il serrait le tout dans sa brayette en disant : « Ia, ia, » et s'en allait content. Si j'avais eu affaire à un officier français, de quelque rang de la société qu'il fût sorti, j'aurais peut-être subi plus de vexation de sa part, mais jamais il n'eût consenti à recevoir une haute paye aux dépens de ma bourse.

Comme cet état se prolongeait, je fis dire au général que j'étais arrivé avec un rouleau de 1000 livres ; que j'irais jusqu'au dernier napoléon pour payer mes geôliers, mais que je ne pourrais payer davantage et qu'il pouvait se disposer à m'amener dans la forteresse dont il m'avait menacé, car bien certainement je ne consentirais jamais à faire payer les 125,000 francs qu'on exigeait du département. Voyant qu'il n'y avait rien à faire de moi, mon homme fait une rafle sur les membres du conseil général les plus cossus et les enferme à la mairie de Vesoul, en leur déclarant qu'ils ne sortiront que lorsqu'ils auront signé des lettres de change pour la somme demandée. Je faisais dire à ces messieurs, sous main, de résister ; que j'allais recevoir notre libération de Paris. Au bout de deux jours, leur patience fut à bout et ils signèrent des billets qui furent aussitôt escomptés aux juifs qui suivent toujours l'armée ; je fus alors relâché.

Je logeais, comme je l'ai dit, au rez-de-chaussée. Le reste de la maison était occupé par le commandant de place et l'état-major. Ces messieurs faisaient bombance ; leurs convives se retiraient fort avant dans la nuit. En passant devant ma porte, ils avaient soin, en manière de divertissements, de donner de grands coups de pied qui éveillaient mon domestique en sursaut et lui faisaient me crier qu'on venait nous égorger.

Le préfet des Cent jours, en quittant la préfecture à l'arrivée des alliés, avait enterré dans le jardin plusieurs caisses de vins précieux ; il m'écrivit pour me les céder. J'y consentis, en mettant toutefois la condition que le marché ne serait définitif que lorsque les alliés seraient partis. Un jour, étant à travailler, j'entends des danses, des hourrahs au-dessus de ma tête. C'étaient les soldats qui, en sondant la terre du jardin avec les baguettes de leurs fusils, avaient découvert les caisses renfermant le nectar. Pendant huit jours, on ne dégrisa pas chez le commandant et ma porte en reçut une augmentation de coups de pied.

Du reste, je dois dire que, sauf l'avidité et la goinfrerie, je n'ai eu aucune dégradation à reprocher aux Autrichiens. Pendant les six mois que j'ai passés avec ces hôtes si coûteux, personne n'a été molesté, aucune femme insultée et les routes ont été parfaitement sûres; et, pourvu que les rations fussent exactement fournies, le soldat allemand n'élevait aucune autre prétention chez les habitants où il était logé. Les Prussiens, qui avaient une vengeance particulière à exercer, et les Westphaliens, qui avaient été plus expérimentés, n'étaient pas de si bonne composition, et leur passage dans le département était toujours marqué par quelque exigence particulière. Un corps de Westphaliens se trouvant à Vesoul, le jour de la fête de leur souverain, exigea qu'on leur fournît les moyens de le fêter; il fallut bien s'y soumettre, mais, ayant refusé l'invitation que m'avait adressée le général d'être de la fête, il me fit dire que si je ne venais pas il m'enverrait une exécution militaire; je trouvai cette manière d'inviter les gens si plaisante, que je persistai dans mon refus, et cela en resta là.

Nous eûmes à cette époque, à Vesoul, le passage du prince impérial d'Autriche, qui a régné depuis sous le nom de Ferdinand... Il revenait d'assister au siége de Huningue pour avoir le droit de porter la croix de Marie-Thérèse. Je fus complimenter l'héritier des Césars, et je trouvai une manière de crétin qui m'honora d'un ou deux monosyllabes.

Aux soucis de l'occupation étrangère se mêlaient d'une manière déplorable les exigences politiques. Le séjour prolongé du comte d'Artois à Vesoul avait fait arriver à lui tout ce qui, de cœur ou de circonstance, était devenu partisan des Bourbons. Le prince avait eu des paroles bienveillantes pour tout le monde et elles avaient éveillé toutes les ambitions. Il n'y avait pas de hobereau qui ne se crût en droit de réclamer la récompense de son royalisme et qui ne menaçât d'un prochain dépouillement les acquéreurs de ses biens, s'il en avait eu de vendus. On dénonçait tous les fonctionnaires publics pour avoir leur place ; et tout salarié de l'État était un bonapartiste. Les gens les plus considérables du pays, placés trop haut pour partager cette convoitise, se croyaient appelés à surveiller l'État et ne m'abordaient jamais (sans doute avec de bonnes intentions, que la crise des Cent jours pouvait justifier), qu'avec une liste à la main des suppôts du tyran, qu'il fallait punir ou surveiller. J'avais beau représenter à tout ce monde que, ne pouvant exiler ou enfermer à mon gré tous ceux qui n'étaient pas partisans des Bourbons, et ils étaient nombreux dans la Haute-Saône, il valait mieux laisser tranquilles ceux qui en réalité ou en apparence se montraient soumis au gouvernement du roi et tâcher de les y rattacher par une juste impartialité. Mes paroles étaient inutiles, et on dénonçait toujours. A la vérité, le retour de l'île d'Elbe avait été accueilli avec enthousiasme dans le département qui m'était échu en partage, mais après la destitution du préfet, du sous-préfet, du receveur général, du directeur de l'enregistrement, du directeur des contributions et d'une foule de percepteurs, on aurait dû trouver la répression suffisante. Mes efforts pour les persuader n'aboutissaient à rien qu'à me faire considérer comme royaliste tiède et peu zélé par ceux qui se disaient plus royalistes que le roi.

Je ne veux pas m'arrêter davantage sur le temps de l'occupation étrangère ; les jours se ressemblaient dans leur tristesse, sauf quelques épisodes plus ou moins affligeants. Lorsque j'avais fini mon travail et terminé ma promenade solitaire, je me couchais de très-bonne heure dans l'embarras de passer mes soirées. C'est de cette époque que j'ai contracté l'habitude de me coucher régulièrement à dix heures et de me lever de très-bonne heure, méthode qui m'a été fort utile pour mon travail. Enfin, à la fin de décembre 1815, on annonça le départ des troupes étrangères ; il fut précédé par le passage à Vesoul de l'empereur de Russie. Il voyageait seul avec un aide de camp, dans une mauvaise calèche découverte, sans escorte, et ne se faisant remarquer que par sa grâce et sa rare bienveillance pour tous ceux qui l'approchaient. L'arrivée de l'empereur d'Autriche eut lieu peu de jours après, mais elle fut marquée, pour moi, par un épisode désagréable, dont je veux ici consigner les détails.

Quelques jours avant l'époque fixée pour l'évacuation du département de la Haute-Saône, le commandant des troupes autrichiennes imagina de réclamer une somme de 25,000 francs pour une fourniture de tabac qu'il disait n'avoir pas été faite, et en exigea le payement d'une manière d'autant plus pressante qu'il lui restait moins de temps pour faire valoir ses prétentions. Je répondis, pièces en main, que tout était soldé et que je ne pouvais ni voulais payer deux fois, et il me fut aussitôt notifié par l'autorité allemande que, sur mon refus, elle allait exiger les 25,000 francs par voie d'exécution militaire. Cette sorte de contrainte consiste à mettre chez les particuliers une garnison plus ou moins nombreuse vivant à discrétion, et à les y laisser jusqu'à complète obéissance.

Les choses en étaient là, lorsque François II passa à Vesoul ; je fus le recevoir à la porte de la ville avec mon état-major civil, et après les compliments d'usage, je lui dis que la capitale du département était à la veille de subir une exécution militaire pour la forcer au payement de 25,000 francs que nous avions déjà payés, que j'en pouvais donner les preuves à Sa Majesté, et que je la suppliais que si ce n'était pas à titre de justice, ce fût au moins à titre de grâce, qu'elle voulût bien faire cesser cette injuste réclamation. L'empereur m'écouta avec cette impassibilité qui s'alliait si bien à cette longue et maigre figure autrichienne, et me demanda où était le commandant. Je répondis qu'il était avec la troupe sur la place, il fit signe de s'y rendre, et nous marchâmes. Par une conséquence toute naturelle, Sa Majesté, qui était en calèche, dut arriver avant moi, qui suivais à pied ; je la trouvai en colloque avec no-

tre ennemi, ils parlaient allemand, et je ne compris ce que celui-ci
lui avait rapporté que par la manière douce avec laquelle le prince me
dit : *Que j'étais un têtu et que je me moquais de ses troupes, mais que
je ne m'en moquerais pas impunément.* Je répondis fort humblement
que je n'étais en position ni en disposition de me moquer de personne
et particulièrement des troupes de Sa Majesté ; que je ne demandais que
justice, et, montrant un rouleau de papier, j'ajoutai que j'avais là de
quoi prouver que nous avions payé ce qu'on nous demandait. L'officier
repartit quelques mots à l'empereur, et celui-ci me dit avec le ton de
la colère : *Je vous donne huit jours pour payer, sans quoi je ferai
brûler le département ;* à quoi je me permis de dire entre mes dents
que cela n'ajouterait rien à la gloire du souverain d'Allemagne. Cette
scène extraordinaire de la part d'un prince ordinairement aussi doux
que l'était François II ne pouvait être causée que par les rapports ca-
lomnieux qui lui étaient débités sur mon compte ; elle se passait au
milieu de la foule et je dois dire qu'elle fut à l'avantage du préfet. Suivant la menace de l'empereur, au bout des huit jours de grâce, il arriva
à Vesoul une quantité de troupes dont l'entretien pendant une journée
eût coûté plus des 25,000 francs et, de l'avis du conseil général, je fis
payer cette somme, heureux de penser que c'était la dernière que
j'aurais à faire compter à ces chers alliés.

En quittant Vesoul, l'empereur fut coucher à Lure, petite ville de la
Haute-Saône, et y occupa, chez un riche bourgeois du pays, le même
appartement où avait passé la nuit, quelques jours auparavant, le tzar
de Russie. Le caractère des deux souverains se peint bien dans la manière dont ils firent leurs adieux à la maîtresse de la maison. Alexandre demanda à la voir au moment de partir, et, lui remettant une ba-
gue d'assez de valeur, il la remercia des soins qu'on avait eus de lui.
François fit demander le compte de sa dépense, en compta lui-même
le montant, en faisant la part des domestiques, et ne vit personne.

Enfin, le 1ᵉʳ janvier 1816, les dernières troupes partirent de bonne heure, et en se levant, les habitants de Vesoul, heureux d'être définitivement débarrassés de ces hôtes si coûteux, sortaient dans la rue et s'embrassaient sans distinction de condition, oubliant leurs misères passées et leur différence d'opinion. J'eus ma part de la joie commune, et des gens que je ne connaissais pas venaient me serrer dans leurs bras, témoignage auquel je me prêtais de grand cœur, car j'avais, au moins autant que les autres, sujet de me réjouir du départ des étrangers.

De ce jour seulement, je me considérai comme un véritable préfet, et cette réalité se fit sentir à mon grand avantage par le payement de cinq mois de traitement et de 5,000 francs d'installation, somme que je me dépêchai de placer en rente 5 p. 100 au capital de 70 francs. Je m'installai au premier étage de la maison, pris une bonne cuisinière et me mis à recevoir. Le peu de population de la ville chef-lieu et la simplicité des habitudes des habitants me permettaient de tenir une maison de garçon plus que suffisante avec 1,000 francs par mois, même avec deux chevaux, et je pouvais faire honorablement des économies considérables sur mes appointements, qui se joignaient à l'épargne de mon avoir particulier.— Je donnais beaucoup à dîner aux hommes, je faisais danser tous les mardis les dames à grand renfort de petits gâteaux, faits par ma fricasseuse ; les étrangers venaient volontiers me parler affaire à l'heure du déjeuner et en peu de temps je devins un préfet très-populaire. Comme j'étais à cette époque passionné pour l'exercice du cheval, je faisais de cette façon de nombreuses tournées dans le département et au bout de quelque temps, je connus toutes les communes de la Haute-Saône et les chemins les moins fréquentés. Je me levais à six heures du matin et préparais, sans être dérangé, le travail à distribuer à mes bureaux, qui ne s'ouvraient qu'à neuf heures. Je déjeunais à dix heures ; et à midi, je donnais audience à tout venant. Ce n'était pas la partie la plus amusante de la journée, car chacun se croit

en droit d'occuper un fonctionnaire public de ses petites affaires et de
les lui narrer fort longuement ; mais je soutiens qu'un préfet qui ne
sait pas supporter les ennuyeux, ne saurait être un bon préfet ; c'est
une occupation obligée et qu'il faut savoir accepter de bonne grâce.
A deux heures, je montais à cheval jusques à quatre, heure affectée
à la signature de la correspondance, et de cette manière la journée
se passait vite et mon temps était bien employé. Mais la soirée
était le point difficile à arranger : on ne peut pas toujours lire, surtout lorsqu'on a travaillé toute la journée. Je n'avais pas en moi
la ressource des talents d'agréments ou le goût d'occupations littéraires ; je ne jouais pas. Aussi mon salon me paraissait-il bien triste,
quand j'y étais seul, surtout en automne où les soirées commencent à
être longues, fort longues, sans qu'on ait déjà le feu pour compagnie.
Les Francs-Comtois étaient peu sociables et les chefs de service, qui sont
ordinairement des gens aimant le monde, vivaient seuls et retirés ; ce
n'était donc qu'à grand'peine que je trouvais à gagner dix heures. Je
rentrais alors dans mon domicile, que je trouvais bien triste, mais
l'idée ne me venait pas que je pourrais cesser d'être garçon, car j'étais
bien résolu à ne faire qu'un bon mariage et je ne voyais aucune chance
pour arriver à ce but.

Quelques épisodes venaient rompre de temps à autre la monotonie
de mon existence. Au mois de juin 1816, on annonça l'arrivée à Vesoul
de monseigneur le duc d'Angoulême. C'était un grand événement pour
moi, qui devais recevoir le prince dans ma chétive maison de préfecture, et répondre en quelque sorte des manifestations de l'esprit public.
Je ne connaissais point le duc d'Angoulême, mais mes frères Christophe
et Alban avaient eu occasion de recevoir le prince et en avaient été fort
bien traités. Il devait séjourner un jour à Besançon, et je m'y rendis
pour lui faire ma cour. Monseigneur m'accueillit avec la plus grande
distinction et fut pour moi d'une bonté parfaite pendant le jour qu'il

passa chez moi à Vesoul. Il y revint encore en 1820, et j'ai depuis eu souvent l'occasion de voir à Paris cet excellent prince, qui eût fait, j'en suis convaincu, un excellent roi constitutionnel, s'il était monté sur le trône. Jamais on n'eût trouvé en lui cette grâce de maintien et cet à-propos de paroles qui sont si nécessaires à ceux qui sont appelés à commander, mais la timidité même du duc d'Angoulême l'aurait éloigné de la cour et des courtisans, qui ne sont plus bons qu'à renverser une dynastie en France. Il eût adopté la Charte avec le respect qu'il portait à ce qu'il avait juré d'observer, et son impartiale justice eût fini par lui conquérir tous les cœurs. Cette dévotion, peut-être excessive, dont on a fait un crime au dauphin, était bien loin d'être intolérante et ne regardait que sa personne; j'en pourrais citer des exemples bien frappants. Son défaut, si c'en est un, a toujours été de ne se regarder que comme le premier sujet du roi son père et de trop s'effacer dans des circonstances où il aurait dû payer de sa personne.

Cette même année 1816, qui avait commencé sous de si satisfaisants auspices, se rembrunit cruellement. Des pluies continuelles abîmèrent les céréales, un ciel sans soleil les empêcha d'arriver à maturité, et au mois de septembre, il devint évident que la France était menacée d'une cruelle disette. Dans mon ardeur d'administrateur peu expérimenté, je crus qu'il me serait possible, sinon de préserver le département qui m'était confié des horreurs de la famine, du moins d'en diminuer la rigueur; et cette entreprise, au-dessus des forces humaines, fut pour moi la source de tribulations encore plus vives que celles que m'avait causées l'invasion; car une fois entré dans la voie fatale de chercher à prix d'argent à maintenir le blé à un taux raisonnable, je devins en quelque sorte solidaire du taux de la mercuriale, et mêlé à toutes les absurdes combinaisons qui s'élèvent avec la rareté des subsistances. Mes efforts furent naturellement impuissants pour réparer tout le mal. Le prix du pain monta à 10 et 12 sous la livre; il fallait des

troupes sur tous les marchés pour protéger les marchands; chaque
courrier m'apportait quelques sinistres nouvelles; les maires donnaient
leur démission. Je ne pouvais m'aider de personne, parce que, dans ce
pressant besoin, chacun voulait faire arriver les secours à soi ou à ses
protégés, et je ne crois pas qu'il soit possible de passer six mois plus
cruels que ceux que j'ai passés, entièrement isolé de toute intimité et
n'ayant qu'une pensée fixe et douloureuse. Enfin une bonne récolte vint
faire cesser cet état intolérable; et je me souviens avec quel bonheur
je contemplais ces beaux champs se dorant chaque jour aux feux du soleil de 1817. En fait de subsistances, il m'a été bien démontré que le
rôle du gouvernement devait se borner à faire disparaître toutes les
barrières et à laisser au commerce le soin de faire arriver le grain là
où il est le plus nécessaire.

J'avais passé trois ans sans quitter Vesoul; à la fin de 1817, je demandai un congé et vins à Paris. J'y fus frappé du changement qui
s'était opéré dans les idées et dans les habitudes de la société. Le gouvernement constitutionnel avait fait des Chambres la conversation ordinaire; les hommes ne s'abordaient dans un salon, le soir, qu'en se demandant: Qu'a fait la Chambre? On ne dînait plus qu'à six heures, les
salons des ministres étaient inondés de gens qu'on ne connaissait pas
et que l'uniformité des habits noirs confondait. Je me rappelle qu'invité chez un ministre, peu de jours après mon arrivée, je me présentai
avec mon costume de préfet, bas et culotte blancs, etc., etc. J'y fus regardé avec étonnement, et le lendemain j'adoptai définitivement le
pantalon et le frac; vêtement commode, assurément, mais ignoble
dans un salon. J'avouerai aussi que mon petit amour-propre d'autorité supérieure dans mon département, à laquelle tout aboutissait,
fut un peu humilié de me trouver si peu de chose, et de voir le plus
mince député plus compté qu'un préfet auprès d'un ministre. J'eus
une audience du roi Louis XVIII. Il recevait assis, devant une table de

sapin et vous regardait avec de grands yeux bleus perçants. Ici encore, mon importance préfectorale eut beaucoup à perdre. Je m'attendais à des questions sur mon administration et sur le pays, et je m'étais préparé à bien répondre. Je n'obtins que quelques paroles banales, dans une courte audience, d'où je sortis à reculons. Je revis avec bonheur dans ce voyage mon parent, l'ancien évêque d'Alais, devenu cardinal de Bausset, qui me reçut avec une tendre bienveillance qui ne s'est jamais démentie, et tous mes anciens amis, au nombre desquels je dois citer la bonne madame de Vintimille. En somme, je passai trois mois fort agréables à Paris et je revins au mois d'avril 1818 à Vesoul reprendre ma vie solitaire et laborieuse.

J'ai dit plus haut que l'hôtel de la préfecture était une horrible maison. C'était la propriété d'un ancien émigré, à qui on payait un loyer considérable ; il fallait payer un second loyer pour les bureaux, et ces considérations, jointes à l'insuffisance du local, me firent proposer au conseil général de bâtir un hôtel, et ma proposition fut accueillie. Je m'occupai dès lors de cette construction, qui ne put être terminée que deux ans après, à cause de toutes les formalités des préliminaires bureaucratiques et la lenteur de l'installation d'un bâtiment ; il était tout à fait proportionné au domicile d'un préfet de troisième classe, et je l'ai habité quatre ans avec une grande satisfaction.

Je vivais beaucoup avec la noblesse du pays, qui n'était pas fâchée de trouver un gentilhomme ancien dans le chef de l'administration du département, et bien que nous fussions rarement d'accord avec la plupart de ses membres sur la marche politique, ils me pardonnaient en faveur de mes quartiers héraldiques.

Au nombre des hommes considérables du pays, un de ceux que je voyais le plus était le vicomte d'Archiac, vieillard respectable, qui avait vécu à la cour de Louis XVI et qui était retiré dans sa terre de la Résie. Cet excellent homme m'avait pris en grande affection et me disait souvent qu'il fallait me marier et qu'il avait une femme à me donner. Je n'attachais pas grande importance à ces marques d'intérêt, et, de fait, malgré le poids de mon isolement, je n'avais pas de pensée de mariage bien arrêtée. Mais M. d'Archiac, revenant à la charge, me dit que la compagne qu'il voulait me donner était sa petite-nièce, mademoiselle de Brosses, fille du comte de Brosses, préfet à Nantes, et appartenant par conséquent à une des premières familles de Bourgogne, ayant 200,000 francs de dot le jour de son mariage.

J'étais parvenu, à cette époque, à force d'arrangement, à posséder 10,000 francs de rente; mais j'avais bien peu à attendre de ma famille, et certes je ne pouvais convenablement élever plus haut mes prétentions. Je priai donc M. d'Archiac de donner suite à son honorable proposition, et après quelques préliminaires, qui me convainquirent chaque jour davantage de l'excellence de la famille à laquelle j'allais m'allier, mon mariage se fit à Dijon au mois d'avril 1820.

La Providence, qui avait veillé sur ma destinée, ne me fit pas défaut dans la circonstance la plus importante de ma vie; je trouvai dans la compagne qu'elle m'avait donnée toutes les qualités de l'esprit et du cœur, et une affection dévouée qui ne s'est pas démentie un seul moment pendant trente-quatre ans de mariage que je compte aujourd'hui.

En revenant sur mes longues années, je trouve que le commencement de mon mariage a été le temps le plus beau de ma vie. J'avais trente-huit ans; les distractions de la jeunesse étaient plus qu'épuisées; au lieu de cet isolement qui pesait sur moi comme un manteau de plomb, je trouvais en sortant de mon cabinet une femme d'un esprit charmant, pleine de talents et de dévouement pour moi. Au bout de vingt-quatre mois, j'étais père d'une jolie petite fille. Nous habitions une jolie préfecture et j'occupais un emploi important, lucratif, que la bienveillance des habitants de la Haute-Saône me rendait facile. J'aurais donc borné volontiers mon ambition à rester préfet à Vesoul, où ma femme avait la sagesse de se trouver bien, et où elle était rapprochée de son aimable famille. Mais il devait en être autrement, et un jour, sans que je l'eusse demandé, je reçus ma nomination à la préfecture du département de Saône-et-Loire. C'était un avancement; et à tous les avantages que me présentait l'habitation de Mâcon, se joignait le voisinage de mon beau-père, M. de Brosses, préfet à Lyon, l'homme le meilleur et le plus aimable qui ait jamais existé; c'était bien précieux pour madame de Villeneuve.

Le département de Saône-et-Loire est un des plus beaux et des plus populeux de France; mais la différence des éléments territoriaux dont il est composé et le peu de centralité du chef-lieu en rendaient l'administration pénible. La résidence de Mâcon était bien plus agréable que celle de Vesoul, et je m'y trouvais très-heureux ainsi que ma femme, lorsqu'un député de la Haute-Saône, M. Bressand, vint à mourir, et mes anciens administrés, par suite d'un flatteur souvenir, me nommèrent à l'unanimité membre de la Chambre des députés, fonctions qui alors pouvaient se cumuler avec celles de préfet.

Si l'on se rappelle de quelle considération jouissaient alors les députés, on comprendra combien les suffrages des électeurs de la Haute-Saône avaient ajouté d'agrément à ma position. Un séjour de six mois à Paris chaque année, compté par les ministres et à même d'être connu du souverain, étaient des avantages incontestables, sans parler du plaisir de pouvoir être utile à quelques personnes, plaisir au reste bien empoisonné par l'effroyable quantité de demandes qui m'étaient adressées de la province.

J'assistai à la session de 1825 et 1826, sans qu'il se passât d'événements graves. En 1827, tout annonçait une fâcheuse perturbation et une grande opposition au ministère Villèle. Celui-ci crut bien faire d'en appeler à l'opinion publique, il cassa la Chambre. Les élections furent partout en majorité pour le parti libéral; cependant je fus encore renommé député dans la Haute-Saône, et je me rendis à la session de 1827, convaincu que j'allais assister à quelque grave événement. En effet, en arrivant à Paris, j'appris que les ministres avaient donné leur démission et que le cabinet était formé sous la présidence de M. de la Ferronnays, de MM. Portalis, de Martignac, Roy, de Saint-Criq, de Caux, de Vatismenil et Feutrier. Je connaissais tous les nouveaux ministres; mais n'ayant rien à demander, je les laissais se démêler dans les embarras de leur nouvelle position, sans les importuner de mes visites, lorsqu'un soir, rencontrant M. Roy, il me dit que le conseil avait jeté les yeux sur moi pour en faire un directeur général des douanes en remplacement de M. de Castelbajac, nommé pair. Je fus si étonné de cette ouverture, que je ne pus que balbutier quelques mots sur mon incapacité; mais rentré chez moi et après avoir bien réfléchi sur le danger de quitter une place agréable et tranquille, dont je connaissais les obligations, pour me jeter dans une carrière nouvelle, à laquelle j'étais tout à fait étranger, j'écrivis au ministre que je n'entendais rien aux douanes et que je refusais la direction générale qu'il m'avait offerte.

Une particularité de ma carrière est de n'avoir jamais rien sollicité, et que chacun des avancements que j'ai obtenus soit venu me chercher et m'ait causé plus de peine que de plaisir dans le premier moment. Le sentiment de ce qui me manquait par suite du défaut d'éducation première entrait bien pour quelque chose dans la crainte d'être mis trop en évidence par des fonctions trop élevées. Quoi qu'il en soit, le ministre des finances ne tint aucun compte de mon refus, et ma nomination fut le lendemain dans *le Moniteur*.

Me voilà donc, au mois de septembre 1827, à la tête d'une grande administration à Paris, avec 50,000 francs de traitement. Le travail des douanes m'était entièrement étranger, je me mis à l'apprendre de mon mieux et voulus, comme dans ma préfecture, tout voir et tout faire, mais je compris bientôt que la chose était impossible, surtout étant obligé de passer plusieurs heures à la Chambre pendant les sessions, et je reconnus la puissance forcée des bureaux, que j'avais tant blâmés.

Il était nécessaire pour moi de faire une tournée pour m'initier dans tous les rouages de la direction des douanes, et je commençai par la Normandie, emmenant ma femme à la place d'un secrétaire dont je n'avais nul besoin. Nous fûmes ainsi de Caen à Lille par les côtes et, nous trouvant à Calais, nous fîmes une excursion en Angleterre, puis en Belgique, et nous revînmes très-satisfaits de notre promenade.

Les fonctions de directeur général me fixant à Paris, j'eus occasion de voir souvent le roi Charles X, qui me témoignait toujours beaucoup de bonté. Je crus devoir me faire présenter chez le duc d'Orléans, qui, dès la première visite, me traita avec cette obséquiosité qui caractérisait ce prince, et qui lui faisait me dire, un jour où, comme directeur général des postes, je lui annonçais que je venais de placer à Randon le relais qu'il m'avait demandé : *Je reconnais bien là les bontés que vous avez toujours eues pour moi.* Je dînais souvent à Neuilly et ne me doutais guère que plus tard...! — Mais alors, il était vertueux.

A la dernière session, j'avais été témoin de la fâcheuse position où se trouvait M. de Vaulchier, directeur général des postes. On s'acharnait contre lui, sous prétexte du cabinet noir, et, à presque toutes les séances, il surgissait quelques plaintes de lettres perdues, suite du système d'animosité adopté par les libéraux contre ce qu'ils appelaient la congrégation. Je plaignais mon pauvre collègue, qui se défendait assez mal, et me félicitais d'être à la tête d'une administration toute matérielle dont je commençais à bien connaître les rouages, lorsqu'à l'approche de la session de 1828, le ministre des finances (M. Roy) me fit appeler dans son cabinet. « Comment vous trouvez-vous aux douanes? me demanda-t-il. — Fort bien, répondis-je, et j'espère pouvoir soutenir à la Chambre les discussions relatives à ces sortes d'affaires. — Je le crois, me dit le ministre, mais nous voulons vous donner les postes. — Je ne veux point des postes, m'écriai-je, et pour rien au monde, je ne consentirais à jouer à la Chambre le rôle de M. de Vaulchier. — C'est possible, me répondit-on, mais le roi le veut. Sa Majesté aime beaucoup M. de Vaulchier, elle ne veut pas le sacrifier et nous n'avons pu obtenir son déplacement qu'en vous proposant, et lui donnant les douanes. » Le ministre ajouta : « Je vous préviens qu'il n'existe plus de cabinet noir. » Je fis encore quelques objections sans résultat, et sortis l'oreille fort basse pour aller conter l'affaire à ma femme, qui entra dans une violente colère et me reprocha fort de m'être laissé arracher un consentement qui allait me mettre en butte à toutes les criailleries de la Chambre, etc.

La chose était faite, l'ordonnance de ma nomination parut le lendemain au *Moniteur*, et le mieux était de prendre son parti et de faire en sorte que la position fût meilleure que sous mon prédécesseur. Les appointements étaient les mêmes à la poste qu'aux douanes, mais je trouvais dans le changement le logement et la franchise des ports pour ce que je ferais venir de toutes les parties de la France, ce qui était avantageux. Mon travail, au lieu des immenses détails que comportaient les douanes, se bornait à des rouages fort simples et très-faciles à diriger. Aussi je fus bientôt installé et au courant de ma besogne. Je fus comme de raison faire mes remerciements au roi, qui me reçut fort bien et me dit : *que bien qu'il n'y eût plus de cabinet noir, il fallait un honnête homme à la poste et qu'il m'avait choisi comme tel.* Ce cabinet noir, ainsi que l'opposition s'était plu à l'appeler, était le lieu où on ouvrait les lettres jusqu'à la fin de 1826. Il était situé dans une partie du bâtiment avec une porte séparée des bureaux. Les employés étaient soldés par le ministère des affaires étrangères, et entraient par une entrée particulière à leur laboratoire. Il y avait près du cabinet du directeur général une trappe par laquelle on précipitait le paquet de lettres à examiner. Les agents secrets ouvraient promptement les lettres, en prenaient copie, recachetaient, et vomissaient par le même trou les paquets de lettres, qui étaient aussitôt distribuées ou mises en route à leur destination. Comme à cette époque on ne timbrait ni au départ ni à l'arrivée, la chose était facile à faire. Les copies des lettres étaient remises au directeur général qui les portait au roi; c'était ce qu'on appelait *travailler avec le roi*. En général Sa Majesté envoyait ces extraits au ministre qu'ils concernaient. On sent quelle arme terrible était laissée à la conscience du directeur général des postes, qui pouvait supprimer ou aggraver les pensées déposées dans la correspondance, et j'avoue que ce n'eût été qu'avec grande répugnance que je me serais chargé de ce tripotage de police, qu'au reste des gens qui me valaient bien, le duc de Doudeauville et autres, avaient fait. Il faut dire aussi que 40,000 francs d'indemnité étaient attribués au directeur général sur les fonds du bureau secret.

Je me suis enquis de l'utilité qui avait pu résulter pour le gouvernement de l'ouverture des lettres, et il m'a été assuré que rien d'important n'avait jamais été découvert par cette voie. On sait que Louis XV y cherchait des distractions à son oisiveté; Louis XVIII s'amusait à découvrir dans les correspondances des gens qu'il connaissait quelques intrigues de société, mais Charles X a toujours réprouvé ce genre de divertissement.

Pour ôter jusqu'à tout prétexte aux attaques dont l'existence de ce cabinet noir était l'objet, je fis distribuer en bureau le local où il avait existé. Tranquille sur ce point, je répétais dans toutes les réunions de députés que j'affirmais qu'il n'y avait point de cabinet noir à la poste; que je donnerais ma démission si on voulait jamais le rétablir; que je le proclamerais à la tribune quand on voudrait renouveler les accusations qui avaient été dirigées contre mon prédécesseur.

Je n'étais en hostilité avec aucun chef du côté gauche, et j'eus la satisfaction de voir cesser les injustes attaques contre l'administration si honorable que je dirigeais.

Depuis longtemps je nourrissais le désir de placer en fonds de terre la dot de ma femme et une partie des économies que j'avais faites. J'avais visité plusieurs propriétés et nous finîmes par acheter, au mois de décembre 1828, la terre de Bois-le-Roy de M. le marquis de Maleteste. J'avais fait le calcul assez sage que j'arrangerais cette habitation, où il y avait beaucoup à faire, petit à petit avec mes économies, et que lors de l'âge de ma retraite des affaires, que je croyais encore éloignée, nous nous trouverions possesseurs d'un château bien arrangé et près de Paris, où selon toutes les apparences nous devions contracter tous nos liens de société ; et nous commençâmes nos embellissements sur une échelle beaucoup plus grande que nous ne l'eussions fait dans des circonstances moins favorables, et si nous eussions prévu les événements qui allaient bientôt bouleverser la France.

La session de 1828 se passa d'une manière fort calme pour moi ; il n'y eut point d'attaque contre la poste, et je fis adopter la loi qui organisait le service rural, dont le projet était mûri dans les bureaux sans que mon prédécesseur, découragé par les attaques dont il était l'objet, se sentît le courage de proposer une mesure si utile au public. Croira-t-on qu'une loi si nécessaire et si étrangère à la politique trouva une vive opposition dans le roi d'abord, qui objectait que le service rural allait porter dans les campagnes les mauvaises doctrines, et auprès duquel il fallut adopter un biais pour obtenir la présentation du projet ; et ensuite à la Chambre des pairs, où un des absolutistes l'attaqua à la tribune très-vivement ? Un noble duc me disait le lendemain que si le côté droit eût été averti à temps, il se serait trouvé en majorité pour repousser ma loi ; à quoi je répondis que le côté droit aurait privé la France d'une grande amélioration dans le service postal et que je n'entendais pas le royalisme comme lui.

Le ministère était aimé et cherchait à naviguer entre les partis, mais il était évident qu'il n'avait pas la confiance entière du roi. Au mois de janvier 1829, le digne M. de la Ferronnays, qui le présidait, fut frappé d'une attaque d'apoplexie et quitta la présidence et les affaires ; ce fut un coup mortel pour le cabinet, qui perdit par la retraite de cet homme si loyal et dont le dévouement ne pouvait être suspecté à la cour, son appui naturel auprès du roi. Il le remplaça par le ministre des affaires étrangères, et fit un replâtrage peu satisfaisant pour ceux qui avaient foi dans la politique de ceux qui dirigeaient les affaires. Les gens sages et modérés pressaient le ministère de présenter la loi départementale et municipale attendue si longtemps, et qui devait faire cesser des anomalies qui existaient sur tant de points du régime actuel. Charles X, peu enclin aux concessions exigées par les circonstances, se montrait peu disposé à adopter les changements constitutionnels adoptés dans l'économie de la loi nouvelle, et ce ne fut pas sans difficulté qu'il autorisa M. de Martignac à la présenter, mais ce fut à la condition qu'il ne serait apporté aucune espèce de changement au projet, et que la loi serait retirée si les Chambres faisaient le plus léger changement.

La loi attendue avec tant d'impatience fut enfin présentée à la Chambre des députés, et le côté gauche, qui par une alliance monstrueuse se trouvait renforcé de l'extrême droite, qui voulait à tout prix renverser le ministère Martignac, obtint la majorité dans la commission, et le général Sébastiani, l'un des plus fougueux membres de l'opposition, fut nommé rapporteur de la loi. Entre autres changements qu'il proposait dans son rapport, se trouvait la suppression des conseils d'arrondissement, objet peu essentiel et étranger à la politique, mais qui avait de l'importance par la volonté fortement exprimée par le roi de retirer la loi si le moindre changement était apporté au projet.

La discussion s'ouvrit sur cet article, on fut aux voix et, au grand scandale de tous les honnêtes gens, l'extrême droite vota patemment avec la gauche et la suppresssion des conseils d'arrondissement fut adoptée.

A peine le président avait-il prononcé l'adoption de l'amendement de la commission, que le ministre de l'intérieur et M. Portalis sortirent de la Chambre et revinrent un moment après annonçant que le roi retirait le projet de loi sur l'organisation départementale et municipale.

Il fut dès lors évident que le ministère n'avait pas la majorité dans la Chambre, et ses ennemis eurent grand soin de répéter au roi qu'il n'avait rien gagné en sacrifiant le ministère Villèle, qu'il fallait en revenir à des moyens de gouvernement plus énergiques. Pauvres gens, qui ne voyaient pas que, dans l'état de l'opinion publique, un retour en arrière était impuissant et dangereux !

La session de 1829 se termina au milieu des inquiétudes générales ; mais, pour ma part, je croyais à une modification du ministère, mais non à un changement total. Ma famille était établie à Bois-le-Roy ; nous étions à la fin de mai et j'étais venu passer quelques jours avec elle lorsque je reçus l'avis que le ministère Martignac était remplacé par un nouveau cabinet, composé ainsi qu'il suit : prince de Polignac, aux affaires étrangères; Bourmont, à la guerre ; Courvoisier, à la justice ; la Bourdonnaye, à l'intérieur ; Montbel, à l'instruction publique ; d'Haussez, à la marine, et Capelle, aux travaux publics (nouvelle création). Je revins aussitôt à Paris, fort triste du renvoi d'hommes que j'aimais et en qui j'avais confiance, et du choix si impopulaire qui venait d'être fait. Ma première visite fut pour le prince de Polignac, que j'avais vu un moment à Londres, où il était ambassadeur. Il m'accueillit avec les manières charmantes qui distinguaient cet homme de cour. Pressé de connaître ma position avec le ministère, j'abordai franchement la question avec le prince. Je lui dis que le bruit public était qu'on allait rétablir le cabinet noir, et que, dans ce cas, je ne pourrais rester à la tête de l'administration des postes. Le ministre m'interrompit en me disant que c'était une infâme calomnie, qu'il venait d'un pays où on pendait ceux qui ouvraient les lettres et que jamais il ne consentirait à rétablir un semblable mode d'espionnage. Ce point éclairci, je dis à M. de Polignac que, par mes opinions, j'appartenais au centre droit de la Chambre des députés, que j'y conserverais ma place et que si la marche du cabinet nouveau exigeait une ligne différente, je ne pourrais marcher avec lui. A cela le ministre répondit que sa politique était des plus modérées et qu'il voulait avoir la *majorité à force de constitutionnalité;* ce furent ses termes.

Je sortis du cabinet des affaires étrangères satisfait des explications que je venais d'avoir, mais effrayé de la masse d'opposition que la nomination du ministère avait soulevée; je ne manquai pas, comme de raison, d'aller visiter les anciens ministres, avec qui je continuai à être en bonnes relations.

Dans la répartition des ministères, j'avais été heureux que le portefeuille des finances fût échu à M. de Chabrol, qui était mon chef direct. Il était impossible de rencontrer un plus galant homme, avec qui les relations fussent plus agréables et plus sûres.

L'hiver de 1829 se passa pour moi d'une manière calme et même agréable, malgré la préoccupation que me causait l'avenir. Le ministère Polignac ne faisait rien qui pût irriter l'opinion publique et c'était un des arguments dont se servaient ses membres pour justifier leur politique; à quoi il était facile de répondre que, si la marche du gouvernement ne devait pas être changée, il était inutile de changer les hommes.

Mes relations d'affaires et de société me mettaient quelquefois en rapport avec le prince de Polignac, devenu président du conseil, après la retraite de M. de la Bourdonnaye, qui, après avoir été pendant longtemps un des chefs de la droite à la Chambre des députés,

s'était montré d'une incapacité sans égale au ministère de l'intérieur,
et j'étais effrayé de la tranquillité, je dirais presque de la niaiserie avec
laquelle le chef du cabinet parlait de la situation. Il avait l'air d'avoir
dans sa poche le remède à tous les maux, qu'il montrerait quand il en
serait temps. Il m'est arrivé plusieurs fois, en rentrant chez moi, de dire
à ma femme que je ne pouvais me tranquilliser sur notre avenir qu'en
me persuadant que M. de Polignac m'était tellement supérieur que je
ne le comprenais pas; car si le ministre ne cachait pas sa capacité, il
était évident que son incurie sur toutes choses nous menait à la perdi-
tion la plus complète.

J'eus à cette époque un bien violent chagrin par la mort de mon
frère aîné, Christophe, préfet à Marseille, cet homme si bon, si capable,
qui succomba avant l'âge.

Profitant du prétexte de visiter les bureaux de poste, je fis à cette
époque avec ma femme une tournée qui nous fit voir la partie de la
France que nous n'avions pas parcourue dans ma tournée des douanes.
Peu après mon retour, en arrivant aux Tuileries pour faire ma cour au
roi, Sa Majesté me dit que le roi de Naples, conduisant sa fille Chri-
stine en Espagne, pour la marier avec Ferdinand VII, traverserait la
France avec sa famille, qu'il fallait organiser son service de poste et
que j'eusse à m'entendre avec le prince de Castelcicala, ambassadeur
des Deux-Siciles, ici présent. Je m'approchai du gros Napolitain, qui
me dit en effet que le roi son maître allait traverser la France et qu'il
lui fallait cent chevaux par relais. Je lui demandai par où il entrerait en
France et par où il en sortirait. « Ze ne sais pas, répondit-il; le roi mon
maître il entrera peut-être par le mont Cenis, peut-être par le comté
de Nice, et il sortira peut-être par Bayonne, peut-être par Perpignan. »
Je me rapprochai en riant de Charles X pour lui faire observer la clarté
des renseignements qu'on me donnait; et le bon roi en rit lui-même,
en ajoutant que son fils voyageait en ce moment en France, sans avoir

besoin de plus de douze chevaux par relais et que son frère le roi de Naples était plus exigeant. Je fus ensuite mieux informé et le service fut bien organisé jusqu'à la frontière d'Espagne. Au bout de quelques mois, on annonça le retour de Leurs Majestés napolitaines en France et leur arrivée à Paris. Il fallut réorganiser le service, et l'arrivée de ces augustes voyageurs à Saint-Cloud, où était la cour de France, fut tellement tumultueuse par le nombre de voitures et des *valets* juchés sur des selles du temps du roi Dagobert, qu'elle divertit beaucoup la cour. Madame la dauphine me dit qu'elle ne croyait pas qu'il y eût tant de chevaux de poste en France; il avait en effet fallu en faire venir de cinquante lieues pour garnir suffisamment les relais de passage. Et ces pauvres postillons, qui s'attendaient à recevoir une gratification, ne reçurent pas une obole de la bourse du roi de Naples, dont le passage dans les départements donna une bien pénible représentation de la majesté royale, tant par la parcimonie et l'étrangeté de manières des maîtres, que par l'ignoble rapine des valets.

Le séjour du roi et de la reine de Naples fut l'occasion de plusieurs fêtes à la cour, où j'assistais. Elles se ressemblaient toutes; mais celle que donna monseigneur le duc d'Orléans au roi son beau-frère mérite d'être citée par la magnificence et par le caractère politique que les circonstances lui ont donné. Charles X, par une dérogation à l'étiquette, qui ne permet pas aux souverains d'assister aux fêtes hors de leur palais, avait consenti à se rendre au Palais-Royal. J'y étais arrivé un des premiers et mon étonnement fut grand de voir dans les salons, en habit habillé, Benjamin Constant, Méchin, Dupin et d'autres membres de l'opposition, qui, pour être les amis de Louis-Philippe d'Orléans, n'en étaient pas moins les ennemis patents du roi et ne paraissaient jamais aux Tuileries. C'était au moins une grande inconvenance. Le prince et sa nombreuse famille se tenaient dans le premier salon pour attendre l'arrivée du roi de France, et à chaque supposition de l'entrée des carrosses, il se précipitait dans l'escalier. Je le vis enfin rentrer, précédant Charles X, et à grand tour de bras lui faisant un large passage dans la foule qui encombrait la galerie. On ne pourrait rien ajouter à l'obséquiosité et aux témoignages de gratitude que le maître du palais témoignait à son hôte illustre (nous étions au mois de juillet 1830). Le duc d'Orléans, voulant faire voir le Palais-Royal dans tous ses détails, conduisit le roi sur une galerie à ciel ouvert qui domine le jardin, et il y avait beaucoup de monde. Cette foule désœuvrée et malveillante avait réuni les chaises et en avait fait un vaste bûcher, ce qui par parenthèse était un singulier spectacle. Je voyais Louis-Philippe montrer le roi au public, et, applaudissant de toutes les forces de ses poignets, inviter la foule à l'imiter; j'avoue que ces témoignages étaient peu nombreux. J'ai entendu dire qu'il avait été proféré quelques cris séditieux, mais je n'en ai point entendu. Cette fête, du reste, toute magnifique qu'elle fût, était triste, et on y sentait la préoccupation de l'avenir; ce qui faisait dire à M. de Salvandy qu'elle ressemblait aux fêtes de Naples, où on danse sur un volcan. Le roi de Naples, fort absolu de sa nature, disait au roi de Piémont en passant à Turin : « J'ai rencontré dans la fête que mon beau-frère m'a donnée à Paris tous vos ennemis et tous les miens. »

Le prince de Castelcicala m'ayant dit que le roi son maître désirait me voir, je m'empressai de solliciter une audience, qui me fut accordée pour le lendemain à une heure. Selon mon exactitude ordinaire, j'étais à midi et demi dans le salon d'attente, et quelques moments après, je vis arriver le Castelcicala, qui me dit qu'il était bien fâché, mais que le roi son maître était rentré dans ses appartements et qu'il ne sortirait plus. Je fis quelques observations sur ce peu d'exactitude et j'allais me retirer ainsi que quelques personnes considérables, venues comme moi en audience, lorsque le roi rentra suivi de la reine. Il était vêtu d'un vieil habit bleu, pantalon large sur la botte, et courbé par les rhumatismes de la manière la plus complète. Il ressemblait parfaitement à un vieux invalide, quoique âgé au plus de cinquante-deux ans.

Sa Majesté napolitaine commença sa ronde, et quand il en fut à moi, relevant difficilement la tête et me désignant avec sa canne à Castelcicala, qui le suivait : « *Qui est celoui-là?* dit-il. — C'est le comte de Villeneuve, directeur général des postes. — Ah ! je souis fort content de la poste, » daigna me dire Sa Majesté, et elle passa outre. Il est vrai qu'au moment de partir, le roi m'envoya le grand cordon de l'ordre de Saint-Ferdinand, ce qui était alors une notable distinction.

Le temps marchait cependant et le ministère était arrivé au moment où l'ouverture des Chambres était devenue indispensable. C'était là que l'opposition attendait le nouveau cabinet. Nous-mêmes, conservateurs, nous désirions voir le gouvernement sortir de l'atonie qui permettait à ses ennemis de se renforcer et de grossir leur nombre au moyen de calomnies incessantes sur les projets du ministère. Mais ce ne fut pas sans de graves préoccupations que je vins prendre ma place dans la salle provisoire où devaient s'assembler les députés. Le discours du trône avait été menaçant et l'adresse qui devait y répondre était l'arène sur laquelle le combat allait se livrer.

Dès l'ouverture de la première séance, M. Méchin, député de l'opposition, ouvrait la discussion, en se plaignant des entraves que le ministère avait mises aux élections partielles qui venaient d'avoir lieu, et cita M. Donatien de Sesmaisons comme ayant été destitué de ses fonctions de l'état-major de la garde, pour son vote contre le candidat du gouvernement. A peine l'orateur était-il descendu de la tribune, que nous vîmes M. de Polignac quitter le banc ministériel pour y monter. Je fis une exclamation de joie en voyant le président du conseil prendre la parole, et je dis à mes voisins: « Enfin, nous allons connaître le programme du ministère et ses projets pour la session. » Au lieu de cela, le prince, avec la grâce ordinaire de ses manières, se pencha sur la tribune en agitant un claque à plumes blanches, et nous dit : *Le préopinant se trompe ; ce n'est point pour un fait électoral que M. de Sesmaisons a perdu sa place à l'état-major.* Après quoi il retourna à son banc.

Un murmure confus s'éleva dans l'assemblée, où chacun s'étonnait de cet échantillon de légèreté, et puis la discussion s'engagea sur le projet d'adresse, fort louangeur pour le roi, mais déclarant formellement que le *concours des Chambres et du ministère n'existait pas.*

Pendant le temps qui s'écoula entre le rapport de l'adresse et sa discussion, le roi ne manquait pas une occasion d'exprimer son vif mécontentement de la réponse de la Chambre des députés à son discours d'ouverture, réponse dans laquelle, disait Sa Majesté, on lui cassait le nez avec l'encensoir, et on lui refusait le droit de choisir ses ministres. Quelquefois même, ce bon Charles X, ne connaissant pas bien les députés, allait manifester ses sentiments pendant ces réunions aux Tuileries, qu'on appelait le jeu du roi, à des hommes tout à fait opposés au ministère. La discussion de l'adresse commença et il fut facile de voir dès le début que le cabinet actuel n'aurait pas la majorité, et les 221 vinrent sanctionner la rédaction de l'adresse, telle que la commission l'avait présentée.

L'effet de ce vote fut déplorable, et loin de convaincre le roi de la nécessité de changer son ministère et d'inspirer à celui-ci la résolution de se retirer, il ne résulta de cette déclaration de refus de concours qu'une volonté plus forte de maintenir le cabinet tel qu'il avait été composé.

Le roi pourtant différait toujours de recevoir le bureau de la Chambre qui devait lui présenter l'adresse, incertain qu'il était de la réponse à faire à une semblable manifestation, émanée d'un des pouvoirs de

l'Etat ; enfin on prit le parti de dissoudre la Chambre et de procéder à
de nouvelles élections.

Au milieu de tous ces embaras continuels, on avait résolu l'expédition d'Alger, sujet de déclamation incessant des journaux de l'opposition,
et M. de Bourmont, ministre de la guerre, qui s'était fait donner le
commandement de cette conquête, se disposait à partir. Le cabinet, ou-
tré de rencontrer tant d'hostilité dans les Chambres, songea à son coup
d'État, et les dignes ministres de la justice et des finances, MM. Courvoisier et de Chabrol, se retirèrent au premier soupçon de projet de sortie
de la légalité. On fit venir à la justice M. de Chantelauze, premier président de la cour royale à Grenoble, et on mit à l'intérieur M. de Peyronnet en remplacement de ce bon mais insuffisant Montbel, qui avait
remplacé M. de la Bourdonnaye, remplacé lui-même à l'instruction publique par M. de Guernon-Ranville, et il vint (Montbel) aux finances,
dont il ne savait pas le premier mot.

Le choix de Peyronnet était tout à fait impopulaire ; c'était l'auteur de
la loi sur le sacrilége et le droit d'aînesse et le membre du ministère
Villèle contre qui l'opinion s'était le plus prononcée ; aussi son retour
aux affaires fut-il un présage des mesures rigoureuses qui allaient être
prises. La grande affaire du moment était les élections prochaines, car
de leur résultat dépendait le salut du ministère et peut-être celui de
la monarchie. Il était évident aux yeux des gens sages que, dans l'état
des esprits, les colléges électoraux enverraient des hommes plus hosti-
les encore que les députés qui avaient voté l'adresse et, pour ma part,
j'en étais bien convaincu et je mesurais avec effroi la portée d'une pareille mesure. Les préfets indiquaient au ministère, pour président
des colléges électoraux, les hommes qui avaient le plus de chance d'être
nommés, et celui de la Haute-Saône me désigna pour présider le collége
de Gray, Aussitôt que je connus cette présentation, je courus chez
M. de Peyronnet lui dire que je n'avais aucune chance au collége de

Gray; que j'avais toujours été nommé au collége de département à Vesoul, et que c'était là qu'il fallait m'envoyer si on voulait ma nomination. M. de Peyronnet me répondit que le préfet me désignait comme le seul homme qui eût des chances dans l'arrondissement de Gray, et que le roi m'ordonnait de m'y rendre. Il n'y eut plus rien à ajouter, et ce fut avec une triste résignation que je fis mes préparatifs de départ. J'avais pris par Strasbourg pour aller à Gray, et, en traversant la petite ville de Beaume-les-Dames, patrie de M. de Courvoisier, j'aperçus l'ex-garde des sceaux, celui que naguère j'appelais monseigneur, assis sur un banc devant sa maison ouverte et en casquette de loutre, attendant le passage de la procession. Je descendis bien vite de voiture pour causer avec cet excellent homme, et je lui demandai ce que lui, qui connaissait bien le roi, pensait que ferait Charles X, si, comme tout semblait l'annoncer, l'opposition avait la majorité dans les élections qui allaient se faire. « La marche du gouvernement, me répondit M. de Courvoisier, est constitutionnelle et légale jusqu'ici : la Chambre annonce qu'il n'existe pas de concours entre elle et le ministère, le roi avant de changer ses conseillers en appelle au pays de la manifestation hostile des députés, et il est bien évident qui si la Chambre revient avec les mêmes dispositions, il faut que le roi change son cabinet; cela ne peut pas être autrement. »

J'étais parfaitement de l'avis de l'ex-garde des sceaux, mais j'avais assez entendu les propos de l'entourage du roi pour ne pas craindre qu'on ne voulût pousser les choses à l'extrême. J'arrivai à Gray, et le sous-préfet avait ou affectait la conviction que j'aurais la majorité du collége que je venais présider. Je connaissais trop bien le pays pour ne pas savoir le contraire, et ce ne fut qu'avec une grande tristesse de cœur que je vins m'asseoir au bureau. Le commencement de la séance fut marqué par la demande tumultueuse de cartons pour assurer le secret des votes, genre d'attaque dont l'opposition faisait grand usage et à la-

13

quelle je résistai avec énergie. Le bureau fut changé le premier jour, et
à la seconde séance, mon concurrrent, M. Accarrier, candidat de l'opposition, l'emporta sur moi d'un grand nombre de suffrages. Restait le
collége de département, siégeant à Vesoul, où j'avais été élu trois fois
presque à l'unanimité et dont j'étais aussi nommé le président. En
arrivant dans cette ville où j'avais vécu dix ans dans les meilleurs rapports avec la population, où j'avais été dans le cas d'obliger bien des
gens depuis que j'étais député, je fus frappé de la froideur avec laquelle
j'étais accueilli, et je le fus bien davantage lorsque le soir je vis venir
chez moi en cachette plusieurs personnes qui m'avaient évité pendant
la journée et qui me dirent qu'elles voteraient pour moi, que je pouvais
y compter, mais qu'elles me demandaient de ne pas les venir voir et de
n'avoir pas l'air de les connaître. Je demandai l'explication d'une pareille conduite, elle me fut refusée, et il me fut démontré qu'une conju-
ration contre les candidats du gouvernement était ourdie et que je ne
devrais qu'à des considérations particulières la majorité des suffrages, si toutefois je l'obtenais. Cette majorité me fut assez largement
accordée et je fus nommé député encore une fois. Je fus de Vesoul,
prendre, à Lyon, ma femme et mes enfants, qui étaient chez M. de
Brosses ; j'appris en route la prise d'Alger, et, dans cette circontance,
on put reconnaître encore la puissance de l'opposition, qui parvint à
éteindre tout l'effet que cet événement si glorieux pour les troupes françaises devait produire dans le pays. En quittant mon excellent beau-
père, nous nous dîmes qu'il se passerait de grands événements avant
que nous nous revissions. Après avoir déposé ma famille à Bois-le-Roy,
j'arrivai à Paris le 24 juillet ; je fus aussitôt trouver les ministres, et
M. de Polignac m'ayant demandé ce que j'avais vu dans le voyage que
je venais de faire, j'essayai de le persuader de l'organisation complète
de l'opposition et je finis par lui dire : «La mine est chargée jusqu'à la
gueule, prenez garde d'y mettre le feu ou avertissez ceux qui sont des-

sus. » Mes paroles furent écoutées sans beaucoup d'attention, je dois le
dire.

Il était d'usage que lorsqu'on revenait de présider un collége électoral on demandait une audience au roi ; cette audience me fut accordée
pour le mardi 27 juillet, et le dimanche d'avant, je fus faire ma
cour à Saint-Cloud ; il y avait beaucoup de monde et personne ne se
doutait de ce qui devait se passer dans le cabinet où les ordonnances
allaient être signées. J'y restai assez longtemps, et en sortant je trouvai
M. de Sémonville, renommé pour sa finesse, qui me dit : « Je ne sais pas,
mon cher, ce qui va se passer au conseil, mais il y a quelque chose
d'extraordinaire dans les physionomies. » Je fus bien vite demander des
nouvelles à M. de Vaulchier, que je supposais mieux au fait que moi
des projets du ministère. Il me répondit qu'on devait faire au conseil
la nomination de M. de Lavau au conseil d'État et quelques autres dans
le sens ultra-royaliste, et cela ne m'apprit pas grand'chose. Pendant
que j'étais dans le cabinet du roi, mon ministre M. de Montbel me dit
qu'il désirait me parler et m'indiqua le lendemain lundi à huit heures du matin. Le lundi matin, 26, en ouvrant mon *Moniteur*, j'y trouvai les fameuses ordonnances, qui me glacèrent d'étonnement et d'épouvante. Je roulai longtemps dans ma tête les résultats probables d'une
pareille mesure, que j'étais loin pourtant de croire aussi funeste.
Le ministre des finances, M. de Montbel, m'ayant demandé à huit heures du matin, j'y fus en effet. « Ah ! je sais maintenant que ce n'est pas
pour me parler d'affaires d'administration, lui dis-je en l'abordant, et
je dois admirer votre discrétion ; car personne, j'en suis sûr, ne s'est
douté du coup d'État auquel vous vous êtes résolu. » Le ministre me dit
qu'en effet, c'était des ordonnances qu'il voulait m'entretenir et qu'il
fallait faire saisir à la poste tous les journaux qui parleraient de cette
nouvelle et prendre différentes précautions qu'il me détailla. Je fis
observer à Son Excellence que les journaux n'avaient pu encore parler

des ordonnances, et j'ajoutai quelques observations de métier; et ce point vidé, je ne pus m'empêcher d'exprimer à M. de Montbel mes inquiétudes sur les résultats d'une mesure aussi grave. Cet excellent homme, me frappant sur l'épaule, me dit ces propres paroles : *Lorsque l'on prend une résolution aussi dangereuse, on a pris d'avance les moyens de la faire réussir; allez, vous pouvez dormir sur les deux oreilles.* Je sortis, bien convaincu que je ne dormirais pas du tout, et je rentrai chez moi, presque ébranlé par la confiance du placide ministre sur les suites de l'émotion du premier moment, mais préoccupé de l'avenir, car le résultat de mes tristes réflexions à ce sujet était toujours qu'en supposant la crise passée, nous allions entrer dans un régime de pouvoir absolu qui, avec les dispositions du roi et les passions si peu éclairées du gouvernement constitutionnel, allaient nous précipiter dans un abîme. Faire remonter le fleuve à sa source et déchirer la Charte était une entreprise au-dessus des forces de tout souverain en France, après quinze ans d'un système passé dans les veines de la génération du moment; gouverner constitutionnellement sans les barrières imposées au pouvoir jusqu'alors, sans exiger du roi une volonté de fer que Charles X n'avait pas et la séparation d'avec ses courtisans, qu'il n'aurait jamais pu accepter et après la répression sanglante du moment, on se serait jeté dans une voie d'arbitraire qui eût poussé la nation dans une révolte plus violente encore que celle dont nous étions les tristes témoins.

La journée du lundi se passa dans mes occupations ordinaires, interrompues souvent par les visites d'amis qui venaient s'étonner chez moi des nouvelles du *Moniteur*, et s'effrayant des suites d'une pareille mesure. Le soir, je courus Paris. Tout était calme; on voyait seulement des groupes inoffensifs parler avec animation; passant dans la rue de l'Université, j'entrai chez le jeune cardinal de Rohan, qui, dans l'enthousiasme de la pourpre romaine qu'il venait de recevoir, était ravi de ces ordonnances qui devaient deux jours plus tard amener pour lui des insultes si graves. Je quittai Son Éminence, trouvant que la calotte rouge n'avait pas mûri son jugement, et rentrai chez moi attristé de scènes fâcheuses dont je fus le témoin en traversant le Palais-Royal.

Il était d'usage que, lorsqu'on avait été présider un collége électoral, on demandait une audience au roi. J'en avais présidé deux, et Sa Majesté me l'avait accordée pour le mardi 27 à Saint-Cloud, à midi. Il fallait que je fusse bien préoccupé de ce qui se passait, car, en arrivant dans le salon d'attente, mon ami, Arthur de la Bourdonnaye, gentilhomme de service, me dit : « Quittez, mon cher, cet air effaré qui n'est pas de mise ici, où chacun est enchanté de ce qu'on a fait. » Effectivement, lorsque je fus introduit dans le cabinet du roi, je trouvai Charles X, qui me reçut d'un air riant et affable. Tout d'abord, il me parla des ordonnances, me disant qu'au point où en étaient arrivées les choses, il était impossible de ne pas prendre les mesures que permettait l'article *quatorze* de la Charte. Que, quant à la presse, il était temps d'en arrêter les excès, et, allant à son bureau : « Tenez, me dit le roi, voilà la soumission du journal des *Débats* et du *Constitutionnel.*. » Puis, arrêtant sa promenade dans l'appartement et se tournant vers moi : « Villeneuve, me dit le prince, croyez-vous qu'avec les *lois que j'ai faites* les élections seront bonnes? — Sire, répondis-je, avec les *ordonnances* que Votre Majesté a rendues, les préfets peuvent envoyer à la Chambre qui ils voudront. Mais puisque le roi m'a fait l'honneur de m'interroger, je dois en conscience lui exprimer mes doutes sur la facilité d'exécution des mesures qui viennent d'être adoptées, car, dans l'état des esprits, la radiation des négociants, des manufacturiers, etc, de la liste des électeurs est une chose bien grave. J'ajoutais que hier lundi, il y avait eu du bruit au Palais-Royal. — Ces mouvements impuissants nous sont favorables, dit le roi, en ce qu'ils donnent à la police le droit de prendre des mesures sévères

qu'elle ne pourrait adopter sans prétexte, et tout cela s'apaisera facilement. » Puis, changeant de propos, Charles X se plaignit de l'opposition que rencontrait son ministère. « Ils appellent Bourmont un
traître, dit-il, mais il n'a fait qu'exécuter mes ordres. N'est-il pas odieux
que le ministre de la marine, d'Haussez, n'ait pas été élu député, après
avoir contribué à la prise d'Alger? Quant au ministère Martignac, il
était trop faible. C'étaient de très-honnêtes gens dont je n'ai eu qu'à me
louer, un seul excepté. » Je compris que le roi voulait parler de
M. de Vatimesnil, et je lui dis que j'avais été d'autant plus étonné de
sa conduite, que, d'après l'opinion générale, lorsque le roi, forcé de se
séparer de M. de Villèle, avait pris pour ministres des hommes dans
lesquels il n'avait pas une entière confiance, ils avaient exigé l'entrée
dans le cabinet d'un jeune homme bien connu pour appartenir aux
opinions royalistes et religieuses les plus exagérées. « C'est bien pour
cela que je l'y avais mis, s'écria le roi, mais le gaillard a passé à l'ennemi; » Et me mettant la main sur l'épaule, il ajouta avec un accent
que je n'oublierai jamais, ces propres mots dont ma famille peut à
bon droit s'enorgueillir : « *C'est, mon cher, qu'on ne trouve pas souvent
d'aussi bonne race que la vôtre.* » J'étais si touché de tant de bontés,
qu'oubliant les conjonctures où nous nous trouvions, je demandai au
roi de vouloir bien m'accorder son portrait. « Bien volontiers, me dit-il;
mais je veux que vous ayez quelque chose de soigné. Passez chez
Labouillerie (l'intendant de la couronne) pour qu'il s'occupe de cette
commande, et je lui en parlerai. » Ce furent hélas! les dernières
paroles que je devais entendre de la bouche de cet excellent prince.

J'ai raconté textuellement ma dernière conversation avec Charles X,
d'abord, je l'avouerai, par ce qu'elle a de flatteur pour moi, et
ensuite pour prouver dans quelle sécurité on était à la cour sur le
résultat des ordonnances, qu'on regardait comme une mesure ordinaire. Le lundi matin, le dauphin, en se frottant les mains, disait :

« Champagny sera bien étonné ce matin en ouvrant *le Moniteur*. » Or,
M. de Champagny remplissait, en l'absence de M. de Bourmont, les
fonctions de ministre de la guerre, dont M. de Polignac avait la signature. M. de Montalivet, préfet du Calvados et gentilhomme de la
chambre, l'un des hommes les plus capables et les plus dévoués du
moment, m'a souvent conté que, le samedi, jour où les ordonnances
parurent dans *le Moniteur*, le roi annonça qu'il irait à la chasse à
huit heures, et tout le service l'accompagna jusqu'à sa voiture. En
remontant l'escalier, M. de Duras invita M. de Montalivet à venir lire
les journaux dans sa chambre. Celui-ci, à la lecture des ordonnances,
s'écria qu'après un pareil coup d'État, ce n'était pas à la chasse qu'allait le roi, mais bien dans une place forte ou au milieu d'un camp,
pour attendre l'effet du premier moment. Il attendit toute la journée
et fut confondu en voyant le roi revenir à cinq heures parlant de ses
faits de chasse.

Tout le monde a connu la grâce et la tournure chevaleresque de
Charles X, mais ce qu'on ignore généralement, c'est l'attention qu'il
apportait aux affaires et la facilité avec laquelle il présidait ses conseils.
J'ai entendu des hommes de l'opposition lui rendre justice à cet
égard. Il parlait aussi avec beaucoup de facilité, mais les souvenirs de
Versailles étaient toujours présents chez cet excellent prince. Jamais ni
lui, ni les courtisans, n'avaient vu dans la Charte qu'une entrave mise
au pouvoir monarchique. Les hommes qui l'entouraient, hélas! ne
connaissaient guère la France, répétaient toujours que le roi n'avait
qu'à parler pour être obéi. Et j'ai entendu le prince de Hohenlohe, maréchal de France, dire qu'il ne demandait que cinquante grenadiers
pour mettre Paris à la raison. C'est avec de pareils propos que ces
insensés ont amené la ruine de la monarchie et celle de la France.

Une chose bien triste à signaler, mais qui est malheureusement
bien vraie, est l'avidité de tous ceux qui entouraient le roi. Ils deman-

daient toujours, et le prince était plus disposé à prendre pour eux dans les coffres de l'État que dans ceux de sa liste civile. On avait compté sur la réserve de l'indemnité des émigrés comme sur une curée, et lorsqu'on eut pris par le droit de la guerre les trésors du dey d'Alger, j'ai entendu dire au château que le roi seul avait la disposition de ce qui était conquis, et qu'il pouvait faire à sa volonté, sans que ces gens-là voulussent admettre la nécessité de solder les frais de l'expédition. Au surplus les fonds de réserve, comme les trésors d'Alger, ont été les premiers saisis par les ministres de Louis-Philippe et distribués à la canaille révolutionnaire, les courtisans du nouveau roi.

Je revins à l'hôtel des postes sans encombre. Mais, dans la soirée, on voyait passer dans les rues des groupes de jeunes gens criant : « Vive la Charte! » et brisant les réverbères et les enseignes où figuraient des fleurs de lis ; mais les malles partirent comme à l'ordinaire. Le soir, on vint m'apprendre qu'un homme avait été tué par les gendarmes, place de la Bourse et qu'on promenait son cadavre aux cris de : « Vengeance! » Je ne sortis point de chez moi, il faisait chaud et je ne dormis guère, comme l'on peut penser. On entendait des pas troubler seuls le silence de la nuit, et, au clair d'une lune superbe, on voyait dans la rue Coquillière des groupes de jeunes gens parlant à voix basse et armés de toutes sortes.

Après six heures d'angoisses, le jour arriva et avec lui une agitation qui prit bientôt d'énormes proportions. On se battait dans plusieurs quartiers. Aucun employé n'était venu à son bureau et j'étais seul, me promenant à grands pas dans ce triste hôtel, sans pouvoir savoir au juste ce qui se passait, et enchaîné à mon poste par un sentiment d'honneur, car il pouvait m'arriver à tout instant des ordres de service, qui du reste devenaient à chaque moment plus difficiles à exécuter à cause des barricades qui s'élevaient de tous côtés. J'avais écrit plusieurs fois au gouvernement réuni aux Tuileries pour réclamer des secours et faire sentir le danger de laisser ainsi entourer la poste. Mais ces messieurs avaient, comme on dit, d'autres chats à fouetter et ne m'avaient pas répondu. Vers trois heures, il m'arriva un monsieur en redingote, qui me dit être le colonel Radeski, aide de camp du maréchal de Raguse. Il m'apportait des lettres à faire porter par estafettes pour demander des troupes à Orléans, Rouen et Beauvais. Je répondis à cet officier que j'allais essayer de faire monter à cheval des postillons en blouse pour remplir les ordres du maréchal, mais que j'étais tellement entouré, qu'il était presque impossible que mes hommes pussent passer. J'ajoutai : « Croyez-vous, colonel, que dans l'état où en sont venues les choses (en supposant que vos lettres parviennent), les troupes que vous demandez puissent arriver en temps utile? — Si ceci ne s'apaise pas, répondit l'officier, nous ferons parler *don Grognard*. » C'était le canon dont il parlait, et on pouvait s'étonner qu'il n'eût pas parlé plus tôt. Mes postillons furent arrêtés à quelques pas de la poste, et je n'ai jamais su ce qu'on a fait des lettres qu'ils portaient.

A six heures, les malles partirent encore, mais il fallut gratter les armes de France, peintes sur les portières. La soirée fut très-agitée, et de mon cabinet, dont je ne sortais pas, on entendait la fusillade de tous côtés. Vers huit heures, les insurgés, s'étant emparés de l'église Saint-Eustache, se mirent à sonner le tocsin et continuèrent sans relâche ce lugubre appel à la révolte. Je me rappelle encore avec un grand serrement de cœur cette horrible nuit de mercredi au jeudi que je passai à me promener de long en large, me perdant dans les conjectures et les nerfs agacés par les tintements perpétuels de cette maudite cloche, qui était presque sur ma tête. Il faisait un clair de lune magnifique et l'on voyait des hommes fourbir des armes de toutes sortes, échanger en se rencontrant de mystérieuses consignes et se préparer audacieusement à un redoublement de résistance. Combien je me félicitais dans ce cruel moment d'avoir laissé ma famille à la campagne et d'être le seul exposé à l'éventualité des événements !

A la pointe du jour, les coups de fusil recommencèrent. Tantôt éloignées, tantôt se rapprochant sur divers points, on voyait de temps à autres des troupes passer au pas de course, pour aller enlever des barricades. On tirait sur elles des fenêtres ; les femmes jetaient sur elles des pavés, des pots de fleurs et tout ce qui leur tombait sous la main, avec une rage qu'on ne pourrait expliquer, si on ne se souvenait pas de la manière dont les feuilles libérales avaient réussi à pervertir l'esprit public. Un malheureux major suisse tomba blessé devant la porte de l'hôtel et put à grand'peine être amené dans l'intérieur, d'où il sortit déguisé. Vers dix heures, le piquet de ligne qui gardait l'hôtel des postes annonça qu'il allait se retirer, attendu qu'on ne leur envoyait aucune nourriture. Je pourvus cette fois à leur subsistance, mais peu de moments après, sur la sommation d'une bande d'émeutiers, ces soldats livrèrent leurs armes et se dispersèrent. Je craignais à tout instant de voir les insurgés se ruer sur mes bureaux, qui renfermaient des valeurs importantes, car les facteurs depuis la veille ne voulaient plus faire de distributions au milieu des coups de fusil, lorsque heureusement un homme de peine eut l'heureuse idée d'aller endosser un vieil uniforme de garde national et de se mettre en faction devant la grande porte, ce qui éloigna la canaille. On faisait des barricades dans la rue Coquillière, et, en m'approchant de la fenêtre, chose que je faisais sans cesse, comme l'on peut croire, j'aperçus une bande de ces furieux, qui, apercevant dans la cour une belle calèche que je venais de faire faire, s'empressait de s'en saisir, pour la renverser au milieu de la rue. Je contemplais avec le stoïcisme d'une pareille position ce désastre particulier, lorsque le concierge de l'hôtel, tout en ayant l'air de se prêter à cette œuvre de destruction, eut la présence d'esprit de dire à la foule qu'une voiture aussi légère ferait une méchante barricade, et

qu'il valait bien mieux renverser la devanture de la grande porte ser-
vant aux illuminations. Aussitôt fait que dit; on laissa ma pauvre calèche, qui en fut quitte pour un coup de sabre que lui allongea un des
assistants, mécontent sans doute de la substitution.

Les heures cependant s'écoulaient dans des angoisses horribles, aug-
mentées encore par l'ignorance où j'étais de ce qui se passait au de-
hors ; au milieu de mes tribulations, je fus confondu de voir entrer
dans mon cabinet mon beau-frère, Ernest de Brosses, qui, attiré par le
désir de voir de près les événements de Paris, avait été saisi par les
émeutiers, puis relâché et était arrivé chez moi au milieu de mille
dangers, avec le désir de manger d'abord et puis de sortir de Paris. Je
pus satisfaire son appétit, mais je n'avais aucun moyen de favoriser sa
sortie et je le vis avec une mortelle inquiétude affronter de nouveau
les barricades. Il les traversa heureusement et put porter à son père,
préfet à Lyon, la première nouvelle du renversement du trône. Vers
deux heures, il m'arriva un jeune homme au poil hérissé et à l'œil ha-
gard, escorté de sacripants de son espèce ; le chef de cette bande était
ivre et gesticulait avec un gros pistolet d'arçon, qu'il appuyait incessamment sur ma poitrine maintenant avec force imprécations l'ordre
émané du général la Fayette, de ne point faire partir les malles sans des
instructions du nouveau gouvernement. Au milieu du torrent d'injures et d'imprécations contre les Bourbons, que proférait ce forcené,
j'eus toutes les peines du monde à lui faire comprendre que je n'avais
aucun ordre à recevoir du général la Fayette, mais lorsqu'il put apprécier mon manque de respect au dieu du jour, ce jeune énergumène me
menaça de toute la vengeance du peuple et sortit furieux. J'étais seul
dans mon cabinet, réfléchissant tristement sur les conséquences d'une
pareille situation, lorsque j'entendis dans la cour les hurlements d'une
bande d'émeutiers qui se précipitait dans l'escalier. Cette horde armée se rua dans mon cabinet, en criant! « Hors d'ici, vous n'êtes plus

rien. F..... le camp ! » et autres invitations amicales de leur céder ma place, que je n'étais certes pas en état de leur disputer. Un élève de l'École polytechnique, me mettant l'épée sur la poitrine, me força de reculer contre le mur. Comme je lui disais que je ne pouvais aller plus loin, il sortit de cette tourbe un homme mal vêtu avec une barbe de huit jours, qui me signifia qu'il était nommé directeur général des postes et qu'il m'ordonnait de vider les lieux.

Je répondis encore assez ému, je l'avouerai, d'une pareille scène, que, s'il y avait un autre gouvernement que celui de Charles X, je ne prétendais pas rester en fonctions et qu'il n'était pas nécessaire d'arriver comme un loup-garou : « Qu'entendez-vous par un loup-garou, monsieur ? vociféra mon adversaire ; qu'est-ce qu'un loup-garou, monsieur ? —Nous ne sommes point ici, répondis-je, pour discuter sur une expression qui a pu m'échapper. Je répète que si le gouvernement est renversé, je le suis aussi ; mais je ne puis remettre que légalement entre vos mains le dépôt plus important que jamais de la direction des postes ; » et j'ajoutai qu'il devait me justifier de ses pouvoirs. La foule qui avait rempli mon cabinet murmurait déjà que le directeur général avait raison, lorsque M. Chardel, — car c'était lui, — avocat infime, me cria qu'il était député et qu'on devait lui obéir. Je repartis que je l'étais aussi. Alors, à bout d'arguments, ce misérable prenant un ton insolent ; « Je ne sais pourquoi je m'adresse à vous, me dit-il, faites-moi venir les chefs de division. — Si vous voulez aller dans l'antichambre, vous trouverez un garçon de bureau pour recevoir vos ordres, répliquai-je ; » et, terminant cette discussion, je sortis de mon bureau au milieu des égards de cette foule ameutée. Le cabinet du directeur général était entièrement séparé de l'appartement d'habitation, et je rentrai sans difficulté dans mon logement, d'où j'avais à enlever la partie du mobilier qui m'appartenait. Une fois seul, je tombai sur un fauteuil, abîmé dans les réflexions les plus déchirantes. Je pensais avec horreur à ce roi si bon, renversé de son trône, au pays en feu; et, faisant un retour douloureux sur ma situation, j'étais navré de me voir à quarante-sept ans, dépouillé de la place la plus agréable de France et privé de toute carrière; je pensais à ma femme, à mes enfants et je me félicitais dans mon malheur de ne pas les avoir eus pour témoins des scènes que je venais d'éprouver. Il faisait une température brûlante qui ajoutait les tourments du corps au déchirement de l'âme. Le jour s'écoula, je pus à peine prendre quelques aliments et je tâchai vainement de dormir. Le lendemain au milieu de mes emballages, je vis tout à coup apparaître mon excellente compagne; elle avait appris à Bois-le-Roy les troubles de Paris et était venue à Fontenay sur la route pour savoir quelques nouvelles. Les voyageurs venant de Paris disaient naturellement qu'on s'y battait et que les royalistes étaient vaincus; ceux qui venaient de Lyon assuraient que cette ville était en feu et que le préfet avait été pendu, — et ce préfet, c'était son père; ne pouvant maîtriser son inquiétude, ma pauvre femme était accourue auprès de de moi, bravant les difficultés, je dirais même les dangers d'un pareil voyage.

Son arrivée fut un baume pour mon cœur; je trouvai cette excellente femme calme, sereine, et faisant bon visage au malheur qui venait de nous frapper; elle m'assura qu'elle ne regrettait rien de la brillante existence que le sort nous avait faite, et me rendit un courage que, je je dois bien l'avouer, j'avais un peu perdu. Dans toutes les graves vicissitudes de la vie, que l'époque où nous vivons a faites si fréquentes, j'ai toujours reconnu que les femmes avaient plus de courage moral que les hommes et qu'elles savaient se résigner mieux que nous aux privations de fortune. Nous nous hâtâmes de faire nos emballages et sortîmes avec résignation de cet hôtel des postes où j'avais vécu en maître et dans lequel j'étais resté assez de temps après ma chute pour apprécier tout ce que la perte du pouvoir amène de changements dans les relations qu'on a avec les hommes qui nous ont été soumis. Ma femme retourna à Bois-le-Roy, où elle avait laissé nos enfants, et moi je fus attendre à l'hôtel Windsor, le parti que je devais prendre comme député. Le noyau légitimiste se réunit chez Arthur de la Bourdonnaye pour savoir s'il fallait rester à la Chambre et prêter serment ou donner sa démission. Les avis étaient partagés ; les gens sensés, comme Martignac et autres, disaient que la révolution pouvait n'être pas tout à fait finie et que s'il y avait un mouvement royaliste il serait désirable qu'on pût compter sur quelques membres de la Chambre ; on assurait même que Charles X le désirait ; d'autres et l'amiral Mackau, qui depuis a servi si inutilement pour lui Louis-Philippe, criaient qu'il fallait à tout prix refuser le serment. Je vois encore le député maritime se lever en nous disant que sa main se déssécherait plutôt que de prêter serment à l'infâme usurpateur. Enfin on finit par laisser chacun libre de faire ce qu'il croirait le plus convenable : et tous, les plus opposants en tête, nous fûmes tristement prêter notre serment à la Chambre et y écouter en silence les imprécations contre le tyran Charles X.

Je n'étais pas la seule victime de la révolution dans la famille ; mon beau-père, préfet à Lyon, mon frère Ferdinand, préfet à Amiens et mon frère Alban, préfet à Lille, perdaient leurs places en même temps que moi, et mon beau-père se retira à Dijon auprès de sa sœur, madame de Macheco. Mon frère Ferdinand, surpris par la révolution, pendant qu'un de nos neveux, le jeune Ferraporte, expirait à la préfecture, regagna la Provence, où l'attendait une position modeste. Quant à mon frère Alban, ne pouvant mener avec lui chez sa belle-mère qui lui donnait un asile, les deux filles du premier lit, il me confia ces jeunes personnes et ma femme les conduisit à Bois-le-Roy.

J'avais acheté cette terre à la fin de 1828 et je m'étais décidé à cette acquisition par la conviction que j'arrangerais facilement le château avec les économies de ma place, et que, lorsque le moment de la retraité serait arrivé, je me trouverais avec une jolie habitation, toute préparée. Le plan de restauration, préparé par un bon architecte, était commencé sur une assez vaste échelle ; une partie de la maison était abattue et tout était à peu près à faire. Ma femme ne recula pas devant un tel état de choses ; elle s'établit dans cette maison, qui n'avait ni portes ni fenêtres, avec son monde, et dirigeait elle-même les travaux, car il fallait bien finir ce qui était commencé.

J'étais resté à la Chambre des députés comme je l'ai dit ; elle était peu nombreuse à cause des démissions et des annulations des élections. Après quelques séances passées à organiser l'assemblée, Louis-Philippe vint faire l'ouverture de la session, comme lieutenant général du royaume ; il était en habit de colonel de la garde nationale, pâle, fort ému et prononça d'une voix tremblante un discours qui finissait par ces mots : *La Charte sera désormais une vérité.*

Le lendemain, M. Laffitte, notre président, fit un long discours contre l'ancienne monarchie, et après avoir cherché à démontrer les avantages qui résulteraient pour la France de la nomination de Louis-Philippe à la royauté, il termina en disant : « *Que tous ceux qui sont d'avis que Louis-Philippe d'Orléans, duc d'Orléans, soit nommé roi des Français, veuillent bien se lever.* » La masse presque entière des membres présents se leva. « *Que ceux qui sont d'un avis contraire veuillent bien se lever.* » Nous nous levâmes une vingtaine, et le président prononça ces paroles sacramentelles : « *Louis-Philippe d'Orléans, duc d'Orléans, est nommé roi de France. J'invite messieurs les membres de la Chambre à se joindre à moi pour aller porter aux Tuileries la délibération.* » Et ceux dont le croupion venait de remplacer la loi salique se rendirent avec M. Laffitte au Palais-Royal, au milieu d'une tourbe de canaille qui entourait la demeure du nouveau roi, qui vint le lendemain prêter serment à la Chambre, accompagné de ses fils.

C'était au moment où on plaçait la couronne sur la tête de Louis-Philippe, que le peuple semblait vouloir l'avilir en le faisant paraître sans cesse à la fenêtre aux moindres cris de quelques polissons. On lui faisait chanter *la Marseillaise*, et ce monarque improvisé, loin de chercher à se soustraire à ces ignobles ovations, se montrait sans cesse dans les rues avec le parapluie sous le bras, d'où était venue l'illustration du rifflard. On le vit même se mettre à la tête d'une patrouille de garde nationale qu'il rencontra dans la rue. Un jour que je me promenais seul sur la terrasse du bord de l'eau, je vis passer à côté de moi un gros homme en gilet blanc et habit noir, accompagné d'un autre individu. Je ne l'eusse pas remarqué sans une cocarde tricolore attachée au haut de son chapeau rond. En reconnaissant le roi des Français, chez qui j'allais souvent lorsqu'il n'était que duc d'Orléans, j'ôtai mon chapeau en m'arrêtant, les yeux baissés. Sa Majesté vint à moi les bras ouverts, et, voyant mon immobilité, il continua sa promenade. Le sentiment irréfléchi qui m'avait cloué à ma place avait été la crainte qu'on me vît parler à Louis-Philippe, et, en réfléchissant ensuite à cette étrange rencontre, je m'étonnais d'en être venu au point qu'un petit compagnon comme moi repoussât les avances d'un premier prince du sang.

Que dire de cette session où j'assistais bien malgré moi ? Les séances s'écoulaient au milieu des insurrections de toute espèce et qui arrivèrent même quelquefois jusqu'à la Chambre où M. de la Fayette était écouté comme un oracle. J'employai mon séjour à Paris pour faire liquider la pension à laquelle j'avais droit pour mes années de service, sans avoir pourtant l'âge exigé par la loi. On m'accorda 5,875 francs qui furent pour moi un heureux secours, car mes travaux à Bois-le-Roy, absorbaient toutes mes ressources. J'y recevais de temps à autre. J'arrivais découragé de mon oisiveté, inquiet sur l'avenir de mes enfants, mais l'énergie de mon excellente femme me remontait toujours. Jamais une plainte, jamais un regret sur la position que nous avions perdue. Constamment occupée d'ouvrages utiles, la compagne de ma vie a beaucoup contribué de ses mains à embellir notre habitation.

A la fin d'octobre 1830, je quittai la Chambre et nous fûmes tous passer l'hiver à Bargemon auprès de ma vieille mère, que je n'avais pas vue depuis 1822. Nous y passâmes notre hiver fort doucement. Mon beau-père de Brosses vint nous y joindre, et comme il voulut aller visiter l'Italie, il emmena ma femme avec lui, ce qui fut une bien grande jouissance pour quelqu'un qui aimait les arts autant qu'elle. Nous revînmes au printemps de 1831 à Bois-le-Roy, et peu de mois après mon arrivée, j'éprouvai une perte d'argent considérable par la fourberie d'un notaire qui faisait mes affaires depuis quinze ans. Ce nouveau malheur m'attrista vivement et n'égaya pas l'hiver que nous passâmes à la campagne mal établis et ne voyant personne. Au mois de mars 1832, M. de Brosses, qui venait passer quelques mois à Paris, nous engagea à y venir avec lui. Peu après notre arrivée, le choléra se déclara et fit rapidement des progrès effrayants ; il arriva à faire jusqu'à quinze cents victimes par jour. Les corbillards ne pouvant suffire, on employa les tapissières, qui allaient çà et là recueillir les cadavres. C'était un spectacle affreux qui attristait le cœur et jetait une épouvante d'autant plus légitime, que toutes les portes étaient fermées et que toutes les personnes riches s'enfuyaient de Paris. J'avais été de l'avis de retourner à Bois-le-Roy aussitôt l'apparition de l'épidémie, mais la crainte de ne pas trouver les médecins de campagne assez instruits pour combattre une maladie inconnue nous fit rester, et bientôt il n'en fut plus temps, car la maladie attaquait aussi les provinces. Les premiers symptômes se manifestaient ordinairement vers une heure du matin, moment de la digestion. Combien de fois me suis-je éveillé à cette heure pour écouter à la porte de ma femme et de mes

enfants si je n'entendais pas de bruit et avec quelle anxiété je rentrais
chez moi après une course un peu longue! Enfin le jour où j'avais
conduit Glandevés à sa dernière demeure, je fus pris d'une horrible
souffrance et de tous les symptômes du choléra. Quelques remèdes
appliqués à propos arrêtèrent le mal. Je passai une bonne nuit et le
matin en m'éveillant j'avais si faim que je demandai à manger. Ma
femme s'y opposa, et pressée par mes instances, elle capitula par une
croûte de pain ajoutée au lait de poule. J'avais à peine avalé cette
légère nourriture que les spasmes, les crampes se montrèrent avec
violence. Je m'évanouis et en revenant à moi, je me trouvai entourée
de médecins qui me frictionnaient à tour de bras. La crise passée,
l'excellent médecin que j'avais choisi m'annonça que la diète la plus
absolue était rigoureusement nécessaire et que si je mangeais gros
comme une noisette, j'étais mort. Je suivis ce régime pendant un
grand mois et peu à peu je repris mes forces, heureux d'avoir échappé
à la maladie qui faisait de si nombreuses victimes.

Au mois de septembre 1833. nous reprîmes le chemin de Bargemon,
où ma bonne mère nous reçut à bras ouverts. J'avais obtenu que je lui
payerais une modique pension, ce qui faisait que nous étions fort à notre
aise dans ce vieux manoir, où il y avait toujours place pour tout le
monde. Nous nous promenions beaucoup sous le beau soleil qui fait le
charme des hivers du midi, lorsque nous apprîmes que mon bien-aimé
beau-père, que nous avions laissé peu de temps auparavant en bonne
santé, était dangereusement malade à Paris. Je partis aussitôt avec ma
malheureuse femme pour aller le joindre et après un voyage aussi
cruel par mes tristes appréhensions que par l'intempérie des saisons,
nous apprîmes à Lyon que l'excellent M. de Brosses n'existait plus. Je
conduisis à Dijon ma femme anéantie de désespoir, car elle aimait son
père à l'adoration, et je craignis un moment que sa santé n'en fût
altérée. Après un séjour assez long dans cette ville, nous vînmes

rejoindre nos enfants, que nous avions laissés à Bargemon, et un mois
après mon retour j'éprouvai un malheur aussi grand par la mort de
mon frère Ferdinand, celui de mes frères avec qui j'avais été plus particulièrement lié. Ce cher ami se disposait à venir de Grasse, où il habitait, me voir après le cruel voyage que je venais de faire, lorsqu'une
maladie prompte mit ses jours en danger. Il mourut avant que je pusse
aller l'embrasser, laissant deux enfants dont un garçon, père d'une
nombreuse lignée, et une fille mariée au comte de Beauregard, à
Hyères. Ferdinand avait eu une vie fort agitée. Successivement marin,
hussard, il avait fini par entrer dans l'administration et avait admi-
nistré successivement les départements des Basses-Alpes, des Pyrénées-
Orientales, de la Nièvre et de la Somme, où la révolution de 1830
l'avait trouvé. Il s'était retiré à Grasse, où il vivait dans une position
modeste, environné de la considération générale. Après un séjour de
quelques mois en Provence, nous quittâmes cette contrée, chassés par
le choléra, qui se déclara à Marseille et à Toulon de la manière la plus
vive, pour retourner à Bois-le-Roy. En 1838, après trois mois passés en
famille auprès de notre bonne mère, nous prîmes la grande résolution
de visiter l'Italie méridionale. Ce n'était pas une petite affaire, avec
deux grandes filles, deux domestiques ; mais tout le monde avait sa
place assignée dans la grande voiture qui déjà nous avait conduits à
Venise, et nous nous acheminâmes vers Gênes, avec des chevaux de
voituriers, par cette délicieuse route de la Corniche. Là, nous nous
embarquâmes le soir par le plus beau temps du monde, et nous nous
éveillâmes à Livourne. Cette ville n'offrant aucun intérêt, nous allâmes
revoir Pise. Après être revenus coucher à bord, nous nous trouvâmes
le lendemain sans aucune fatigue à Civita Vecchia. Jusque là le voyage
n'avait éprouvé ni embarras ni difficulté. Mais tout devint contrariété
dès que nous eûmes mis le pied sur le territoire pontifical. La poste ne
marchait qu'à grand renfort de chevaux et d'argent. Arrivés à Rome

nous fûmes heureux de nous abriter dans un grenier. Le lendemain,
à force de courses, nous trouvâmes à nous établir passablement avec
nos amis le comte et la comtesse Walsh. Nous passâmes trois mois dans
la ville éternelle à visiter tout ce qui peut intéresser les voyageurs, et à
la fin d'avril nous partîmes pour Naples. Nous revînmes à Rome par
le mont Cassin, pour assister à la grande pompe religieuse qui ne s'était
pas vue depuis cent ans, la canonisation de cinq saints. Rien ne peut
égaler la magnificence qui fut déployée à cette occasion dans la capitale
de la chrétienté. Tous les évêques d'Italie en chapes et mitres blanches
firent la procession autour de la place Saint-Pierre, précédés par tous
les ordres religieux, et précédant eux-mêmes les cardinaux et le pape
porté par ses estafiers. L'église, entièrement tendue de rouge et or, con-
tenait, entre autres décorations, des tableaux représentant les miracles
faits par ceux dont on allait proclamer la sainteté... A notre premier
passage à Rome, nous avions été présentés au pape Grégoire XVI, dont
la physionomie et l'extérieur étaient loin de me rappeler le martyr
Pie VII, que j'avais vu autrefois à Rome. Celui-ci était un gros homme
barbouillé de tabac, et qui avec sa soutane blanche peu soignée, avait
l'air d'une grosse femme de charge. Nous quittâmes Rome comme
nous avions quitté Naples, saturés mais non rassasiés de tout ce que
nous étions venus chercher. Assurément cette ville est loin d'avoir
l'éclat de Naples, si brillant par son climat, son site et l'animation de
la cité; mais on s'attache à Rome, à ses ruines, on ne la quitte qu'avec
regret.

Les voyageurs ne parlent que de la semaine sainte, et ils ont assurément bien raison de vanter la pompe des cérémonies. Mais il y a si peu
de foi extérieure dans ces représentations, qui se succèdent comme les
actes d'une pièce de théâtre, qu'on n'est pas touché. L'affluence des
étrangers de toutes nations donne à ces réunions un odieux caractère
de cohue qui éteint le sentiment religieux. En vérité, je crois que si je

retournais à Rome, je n'assisterais qu'à très-peu de ces cérémonies.

Une époque où on retrouve bien l'esprit italien, c'est la dernière semaine du carnaval à partir du jeudi gras. A deux heures après midi, le Corso se remplit de masques de toute espèce, en voiture, à cheval, à pied, lançant des confetti (bonbons) à la figure des passants, et recevant une pluie de dragées des fenêtres. Cette foule semble entièrement transformée, et vous ne voyez que des gens identifiés avec le déguisement qu'ils ont choisi. A quatre heures, course des Barberi, chevaux en liberté de la place du Peuple au palais de Venise ; à huit heures, on tire un coup de canon, et chacun se retire pour recommencer le lendemain. Le mardi, la scène change : ce jour-là, à cinq heures du soir, tout le monde arrive au Corso avec une petite bougie allumée ; toutes les personnes aux fenêtres en sont également armées, et chacun cherche à éteindre la bougie de son voisin ; on emploie pour cela toute espèce de ruse. Cette bougie s'appele *moccolo*. Et si vous avez le malheur de laisser éteindre la vôtre, on vous poursuit des cris : *Senza moccolo !* jusqu'à ce que vous ayez rallumé votre cierge. C'est une vraie fureur, et rien n'est plus singulier que de voir cette foule illuminée et mouvante, et ces maisons éclairées jusqu'aux combles. A huit heures, on entend le coup de canon ; à l'instant les moccoletti s'éteignent, et la ville rentre dans un silence de mort...

Depuis quelques mois j'avais arrangé le mariage de ma fille Roselyne avec le comte Palamède de Forbin. Fidèle à mes habitudes, après un assez long séjour à Bargemon, nous revînmes au printemps pour faire la noce à Bois-le-Roy, où nous passâmes l'été en famille, et nous vînmes avec le jeune ménage finir l'hiver à Paris.

En quittant les affaires publiques, j'avais entièrement rompu avec les gens du gouvernement. Je n'allais chez aucun d'eux et vivais particulièrement avec ce qu'on appelle le faubourg Saint-Germain. Après quelques oscillations, le gouvernement de Louis-Philippe s'était affermi. Les hommes alors au pouvoir étaient habiles, et pour ma part je croyais la dynastie de la branche cadette assurée, voyant dans la révolution qui l'avait placée sur le trône une imitation de celle d'Angleterre qui avait chassé les Stuarts; deux fois on m'avait proposé la pairie, mais moi et les miens, nous étions trop attachés à la légitimité pour que j'acceptasse une telle faveur. Il m'en avait beaucoup coûté en 1830 de renoncer à ma carrière, mais j'étais maintenant résigné à mon oisiveté et je n'en sentais plus le fardeau.

Nous retournâmes à Bargemon et à Nice, selon notre habitude; nous fîmes le même voyage en 1846. En arrivant à Bargemon, je m'aperçus que la santé de mon excellente mère, que, jusque-là, ses quatre-vingt-quatorze ans n'avaient pu altérer, déclinait. Hélas! mes alarmes n'étaient que trop fondées. Le 8 février 1847, cette femme si accomplie mourut entre mes bras. Bien que préparé à cette cruelle séparation par l'âge si avancé de ma mère, elle n'en fut pas moins douloureuse pour moi, et je m'estimai heureux d'avoir reçu son dernier soupir. Elle a vécu pour le bonheur de sa nombreuse postérité, et, tout en chérissant ses enfants de toute la force de son organisation aimante, jamais on n'a pu apercevoir la plus légère préférence pour aucun de nous. Elle avait vu mourir quatre de ses garçons, et deux autres ainsi que deux filles lui ont survécu bien peu de temps. Bonne mère! j'ai la consolation de ne lui avoir jamais causé de chagrin, et mes frères ont tous rivalisé de dévouement avec moi. Lors de la mort de mon père, en 1808, nous trouvant dans une position plus ou moins prospère qui nous permettait de vivre avec ce que nous avions conquis à force de travail, nous résolûmes de ne toucher ni intérêt ni capital de la succession paternelle et de laisser notre mère en possession de toute la fortune. Cette résolution, nous l'avons tous tenue malgré les revers de la révolution de 1830, et ce n'est qu'après sa mort que nous avons commencé à jouir de notre part d'héritage qui s'est monté en tout à 35,000 francs....

Cette année néfaste est la dernière que j'aie passée en famille dans le vieux château de Bargemon, qui avait perdu tout son charme pour moi depuis qu'il ne renfermait plus l'être angélique que je regretterai toujours. Après avoir terminé les affaires, je retournai joindre ma famille à Nice, et nous revînmes à Bois-le-Roy en passant par Toulouse et Bordeaux.

Après un été tranquille à la campagne, nous vînmes à Paris au 1er janvier 1848 pour passer l'hiver. Rien à mon avis n'annonçait la terrible révolution qui allait éclater si prochainement. Les Chambres venaient de s'assembler, l'opposition y était plus vive sans être plus nombreuse. Elle demandait à grands cris la réforme de la loi électorale ; c'était le texte plus ou moins violent des ennemis du ministère, car ici, comme dans tout mouvement politique, le fond de la question était : Ote-toi de là que je m'y mette. On ne se préoccupait pas beaucoup dans le public de ces déclamations et pour ma part je n'y voyais aucun germe sérieux de renversement du ministère. Le projet de réforme prenait pourtant de la consistance, en paroles du moins, à la tribune et dans les journaux. Un grand banquet fut projeté en son honneur. En tête de la souscription étaient Lamartine, Odilon-Barrot et autres députés ennemis acharnés du ministère. Effrayé d'une pareille démonstration, il exhuma une loi oubliée pour défendre cette réunion. Ce coup d'autorité devint le signal d'une grande irritation dans la presse. Le ministère, qui disait très-haut qu'il ne voulait point imiter l'imprévoyance de Charles, X fit venir des troupes ; on dressa un plan stratégique pour parer à tous les événements. Je me rappelle que dînant le 24 février chez M. de Saint-Mars avec le général Rostolan, il nous parla des précautions minutieuses prises par l'autorité militaire. Les corps de garde étaient crénelés ; chaque soldat avait au-dessus de son sac une hache pour enfoncer les portes en cas de besoin ; ils avaient une gourde pour la distribution d'eau-de-vie au moment nécessaire, etc., etc.

Ces mesures bien prises, nos seigneurs les ministres dormirent sur les deux oreilles, disant tout haut qu'ils désiraient une collision qui permît de donner à l'opposition une leçon dont elle se souviendrait longtemps.

N'ayant rien à faire, et assez curieux de mon naturel, je courais beaucoup Paris. Dès le lundi, je rencontrai dans les Champs-Élysées et sur la place Louis XV quelques groupes criant : « Vive la Réforme ! » que les agents de police suffirent à dissiper. Le mardi, la place était occupée par la garde municipale. Des gamins, de vrais gamins de Paris, venaient crier au nez des chevaux : « Vive la Réforme ! » et lorsqu'on les poursuivait, ils se perdaient dans la foule. Je regardais avec étonnement, mais sans inquiétude cette singulière manœuvre. Vers quatre heures, cette canaille renversa un cabriolet au milieu de la rue Saint-Honoré ; il fut bientôt relevé. Le soir, on en fit autant à un omnibus, mais ce commencement de barricade n'eut pas de suite, et la soirée se passa tranquillement.

Le mercredi 27, des groupes plus nombreux se formèrent ; on cassa quelques vitres aux ministères. Je trouvai le matin l'hôtel des affaires étrangères gardé par un fort piquet de cuirassiers ; je remarquai qu'ils se relayaient pour aller déjeuner au ministère. L'artillerie était campée sur la place du Carrousel ; d'autres corps bivouaquaient sur la place Louis XV, et Paris regorgeait de soldats. Du reste, la tranquillité était telle, que nous fûmes ce jour-là dîner en famille chez M. de Saint-Seine, rue de Vaugirard. Là, un officier d'état-major nous apprit que le ministère était changé, que M. Molé était chef du cabinet, et qu'on croyait au rétablissement de l'ordre. En sortant de chez madame de Saint-Seine, ma fille Roselyne devait aller au bal chez M. Pozzo di Borgo, mais en mettant le pied dans la cour, nous entendîmes plusieurs décharges de coups de fusil, et le cocher nous dit qu'il y avait déjà quelque temps que ces détonations se faisaient entendre du côté de la rue Saint-Denis.

M. de Forbin ne voulut pas que sa femme allât danser pendant qu'on se battait; après avoir fait une visite à nos amis de Sesmaisons, nous rentrâmes chez nous vers onze heures. A peine dans ma chambre, j'entendis sonner le tocsin, et ce tintement sinistre, que je n'avais pas entendu depuis le 27 juillet 1830, me présagea de grands malheurs.

Le jeudi matin, je sortis de bonne heure et j'appris que, la veille au soir, la dixième légion de la garde nationale, commandée par M. Lemercier, avait refusé de marcher et crié : Vive la Réforme; ce qui était une grave défection, et qu'il y avait eu un engagement des troupes avec l'émeute devant le ministère des affaires étrangères.

Le faubourg Saint-Germain était calme. Je suivis les quais jusqu'au pont Neuf. Là, stationnait une compagnie d'infanterie de ligne, environnée de femmes et d'enfants qui se mêlaient à leurs rangs. A côté, vis-à-vis la statue de Henri IV, était placé un détachement de la belle et bonne garde municipale à cheval. Ces sortes de corps chargés de maintenir l'ordre sont toujours en horreur aux agents des révolutionnaires; aussi cette poignée de braves était-elle en butte aux imprécations de la canaille qui l'entourait, et c'était un spectacle pénible de voir ces mâles figures, impassibles aux plus abjectes insultes, attendant des ordres pour mettre en pièces, ou pour mieux dire en fuite toute cette populace.

J'allais quitter cette scène que j'avais considérée un moment avec un véritable serrement de cœur, lorsqu'un officier d'état-major vint apporter un ordre écrit à l'officier qui commandait l'infanterie. J'étais à côté de lui, et après en avoir pris connaissance, ce capitaine avec un geste de dépit me donna ce papier pendant qu'il demandait à ses soldats un peu de pain mouillé pour l'afficher. J'y lus la défense formelle de tirer un coup de fusil dans quelque circonstance que ce fût, signée du maréchal duc d'Isly (Bugeaud). L'officier reprenant cet ordre de mes mains me dit avec une fureur concentrée : « *Eh! bien, il faut donc que nous la gobions sans riposter ; c'est aussi trop fort. Et comment veut-on que nous maintenions les troupes?* » Je quittai ce militaire confondu de ce que j'avais vu et surtout de la publicité donnée à cette décision pacifique.

Ne voulant pas m'engager dans la rue Saint-Honoré sillonnée de barricades, je vins par les quais déserts à la place Louis XV. Tout le côté des Champs-Élysées était plein de cavalerie, qui avait bivouaqué là sur de la paille ; les grilles des Tuileries étaient fermées et tout avait un aspect morne et inquiet. Je remontai la rue Royale et ensuite les boulevards avec le comte de Néverlée que j'avais rencontré sur le quai, à la hauteur du ministère des affaires étrangères. Nous vîmes arriver une foule à l'aspect étrange, criant, chantant, et en approchant nous reconnûmes de la troupe, les généraux en tête, mêlée à des hommes en blouse, portant les fusils des soldats, traînant les canons et suivis d'une tourbe de gamins. C'était le spectacle le plus dégoûtant qui se puisse voir. En approchant de cette tourbe, je reconnus au nombre des officiers généraux M. de Salles, un de mes voisins et député de l'arrondissement de Montargis. Je m'approchai de lui pour demander raison de ce que je voyais. Il m'apprit que c'était le corps commandé par le général Bedeau, qui, enveloppé de barricades vers la porte Saint-Denis, avait transigé avec les émeutiers et revenait en bonne amitié avec eux. Le général de Salles m'apprit de plus que le ministère Molé, que les révoltés avaient trouvé insuffisant, était remplacé par un nouveau cabinet présidé par M. Odilon Barrot ; que ce choix avait satisfait l'opposition, et qu'en conséquence les troupes allaient rentrer au quartier.

Comme nous cheminions ensemble vers la place Louis XV, nous entendîmes une forte détonation de ce côté. La troupe s'arrêta et chacun de nous chercha un abri sous l'auvent des portes cochères, hermétiquement fermées. Après un moment d'hésitation employé

sans doute à connaître ce qui s'était passé, la troupe reprit sa marche
et les spectateurs aussi. En entrant sur la place, je pris à gauche sur
l'asphalte avec l'intention d'aller rassurer ma femme sur l'état des
choses et aussi pour déjeuner. Ce côté des Tuileries était désert et les
grilles fermées; celui des Champs-Élysées, couvert de cuirassiers qui
avaient bivouaqué là. En avançant sur l'asphalte, nous trouvâmes une
mare de sang et une traînée que nous suivîmes jusqu'au pont. J'ai su
depuis que ces taches provenaient de la blessure de M. Jolivet sur
lequel on avait tiré. M. le général de Salles était descendu de cheval à la
grille des Tuileries qu'il s'était fait ouvrir et était entré dans le jardin.

Je revins chez moi conter à ma femme ce que j'avais vu dans ma
matinée et nous nous perdîmes dans les conjectures de ce qu'un pareil
état de choses devait amener. Vers une heure, je ressortis avec l'intention d'aller voir ma nièce de Montebello rue de Varennes. Dans celle
de Grenelle, je rencontrai un régiment de cavalerie, allant vers l'École-
Militaire. Alors un officier me dit que le roi avait abdiqué. Un peu
plus loin je croisai M. Odilon Barrot allant en calèche découverte,
tout gonflé de son importance, prendre possession du ministère de
l'intérieur. J'arrivai enfin chez ma nièce et je trouvai mon frère Alban,
alors député. On y savait déjà l'abdication de Louis-Philippe et nous
eûmes amplement à deviser sur ce grand événement, qui ne pouvait
nous inspirer aucun regret, à nous qui avions toujours regardé le duc
d'Orléans comme un usurpateur et comme le complice de la révolution qui avait renversé le trône et détruit nos existences. A deux
heures, mon frère se leva pour aller à la Chambre des députés, et je le
suivis. Arrivés au palais Bourbon où tout était en confusion, j'entrai
sans que l'on songeât à me demander de billet, dans le salon d'attente.
Je trouvai une jeune femme en noir, tenant un enfant par la main, et
qui parlait avec M. Dupin aîné, M. Arago et deux autres personnes
que je ne connaissais pas. Je reconnus madame la duchesse d'Orléans,

qui venait dans cette tourmente essayer d'obtenir la régence qu'une loi avait dévolue au duc de Nemours. Après quelques instants d'une conversation qui paraissait très-animée, ce groupe se dirigea vers la salle des séances et je l'y suivis. On fit placer la princesse et son fils dans l'hémicycle, ainsi que le duc de Nemours en uniforme d'officier général. Moi, je montai sur un tabouret dans le couloir pour mieux voir ce qui allait se passer.

Les députés arrivaient de toutes parts, les tribunes étaient combles, chacun avait l'air préoccupé et des groupes se formaient dans la salle. Le président Sauzet, suant et soufflant, vint enfin prendre place au fauteuil et prononça les mots sacramentaux : *La séance est ouverte.* M. Dupin aîné monta à la tribune et proposa de décerner la régence à la duchesse d'Orléans. Un député que je ne connaissais pas contesta cette discussion comme intempestive, et dit que, dans tous les cas, c'était au duc de Nemours que la Chambre avait déféré ces fonctions. Les députés criaient et sortaient de leurs places, il régnait une grande confusion dans l'Assemblée. Le général Oudinot monta à la tribune pour appuyer la régence de la duchesse d'Orléans. Je vis celle-ci se lever, comme pour parler, mais le groupe qui l'entourait l'engagea à se rasseoir. Quelques autres députés parlèrent au milieu du tumulte, mais l'annonce de l'arrivée de M. Odilon Barrot fit faire un grand silence. Ce ministre improvisé, quelques heures auparavant un des membres de l'opposition, monta à la tribune et, promenant quelques instants ses regards sur l'assemblée en soufflant des pois, laissa enfin tomber d'une voix caverneuse : *La question est grave ;* et s'arrêtant pour souffler de nouveau, il prononça encore quelques phrases pompeuses qui n'avancèrent guère les affaires. Mais ce qui les accélérait vivement, c'était ce qui se passait dans Paris, où l'émeute triomphait sur tous les points. Et au milieu de la péroraison de M. Barrot, on vit entrer dans la salle un monsieur en uniforme de chef de bataillon de la garde nationale, suivi de la tourbe, qui portait un grand drapeau et qui monta, lui et son drapeau, sans façon à la tribune, en criant qu'il venait de prendre les Tuileries, que le peuple était le maître et que cette fois on ne le jouerait pas comme en 1830. Ces paroles et beaucoup d'autres, de même style, étaient accueillies par les acclamations d'une foule de gens en blouse qui remplissait l'hémicycle; au point que les gens qui y entouraient la duchesse d'Orléans l'engagèrent à monter à un des bancs élevés. Elle le fit et on empêcha le duc de Nemours de l'y suivre. Au milieu de cette cohue, on avait plusieurs fois prononcé les mots de gouvernement provisoire, de république, et M. de Lamartine, qui était tout près de moi et qui avait l'air de ne pas prendre part à la discussion, se leva tout à coup et monta à la tribune. Il demanda la république et un gouvernement provisoire. La Chambre à ce moment présentait l'aspect le plus déplorable. Les bancs des députés étaient envahis par la canaille qui siégeait pêle-mêle avec eux, et lorsque les membres de la Chambre voulaient se lever pour parler, on les faisait asseoir de force. Des acclamations saluèrent la proposition de M. de Lamartine et, la salle se remplissant toujours, l'Assemblée devint un tohu-bohu dont rien ne peut donner une idée. J'étais toujours huché sur mon tabouret, assistant les bras croisés à cette désorganisation de l'ordre social, lorsque tout à coup on entendit enfoncer les portes des tribunes hautes et il s'y fit une irruption de gens armés qui firent entendre un cliquetis de batteries de fusils qu'on arme. A ce bruit sinistre qui semblait précéder une décharge, les députés furent saisis d'une panique complète et s'élancèrent de leurs places pour se sauver au plus vite. Le président Sauzet, que je regardais en ce moment, disparut comme par enchantement et M. Siméon qui siégeait dans les hauteurs tomba littéralement sur moi en criant : « La majesté de la Chambre est violée, sortons d'ici, sortons, » et me prenant par le bras, il m'entraîna sur la place du Corps législatif.

On sait ce qui suivit la scène effroyable dont j'avais été témoin. Ainsi, croula en quelques heures une monarchie qui avait duré dix-huit ans et qui paraissait tout à fait établie en France, car elle reposait sur des institutions agréables à la bourgeoisie, alors toute-puissante, et qu'elle avait gouvernée sagement. Cette dynastie a été renversée par une boutade de mauvaise humeur de la classe aisée des Parisiens, qui n'avait jamais cru aller jusque-là, et qui fut bientôt dépassée par le peuple qu'elle avait mis en mouvement.

Cette victoire inexplicable d'une bande d'émeutiers contre la puissance royale en pleine activité et appuyée sur un nombre considérable de troupes superbes, fut l'affaire de quelques heures et coûta bien peu de sang, car la troupe ne fut engagée nulle part et le peuple ne trouva de résistance que dans le corps de garde des braves gardes municipaux, au coin de la rue des Champs-Élysées et à celui du Château-d'Eau, devant le Palais-Royal ; partout ailleurs les régiments démoralisés livraient leurs armes à la première sommation, et j'ai vu sortir de la caserne du quai d'Orsay de vrais gamins montés sur des chevaux qu'ils venaient prendre à l'écurie, et armés de sabres d'officiers qu'ils s'étaient fait remettre.

Dans la soirée du 28 février on vit des bandes de canaille criant à tue-tête : « Vive la République, à bas Louis-Philippe, » et forçant à illuminer ; du reste si ces hordes effrayaient tout le monde, elles n'insultaient personne et j'ai pour ma part fait plusieurs courses dans la soirée de ce jour mémorable, sans éprouver le moindre obstacle.

La société du faubourg Saint-Germain qui détestait Louis-Philippe fut satisfaite de cette expulsion ignominieuse qui vengeait les légitimistes de tous les sarcasmes débités sur le départ de Charles X, qui avait du moins quitté le trône avec dignité ; mais la catastrophe financière qui suivit l'avénement de la République porta bientôt dans tous les cœurs une ignoble terreur de mourir de faim. La plupart des grandes familles de Paris dépensent au delà de leurs revenus pendant leur hiver de Paris, sauf à se refaire pendant l'été, et tirent sur leur banquier pour faire face à la dépense ordinaire ; ceux-ci, ruinés ou du moins effrayés de l'état des affaires, ne donnèrent plus d'argent, et les gens connus pour posséder de grandes fortunes se trouvèrent littéralement sans le sol et furent en grande partie obligés de vendre leur argenterie ; position assurément très-fâcheuse, mais qu'il eût fallu avoir la dignité de ne pas pleurer si haut. Selon mon habitude, j'étais arrivé à Paris ayant dans sac la somme nécessaire pour passer l'hiver, et nous continuâmes de vivre comme de coutume, remettant l'avenir dans les mains de la Providence.

Cependant l'orgie révolutionnaire continuait ses saturnales ; le gouvernement provisoire était tiraillé dans tous les sens et manifestait une incapacité notoire. M. de Lamartine fut pendant quelque temps le héros du jour et sa facilité d'élocution, jointe à un courage réel, lui faisait trouver de nobles réponses dans toutes les occasions importantes ; mais le beau langage et des sentiments élevés ne pouvaient suffire pour diriger les affaires dans un moment aussi difficile, et le poëte fut bientôt débordé.

Les gens un peu habitués aux affaires reconnaissaient une profonde incapacité dans ceux qui s'étaient emparés du pouvoir, et tous leurs actes étaient empreints d'une impossibilité de durée. Quant aux habitants de Paris, la classe élevée était irritée et consternée ; la haute bourgeoisie, banquiers, agents d'affaires, etc., voyaient leur fortune s'effondrer avec une grande rapidité. Les marchands et boutiquiers, désolés d'une révolution qu'ils avaient faite avec la mutinerie d'un enfant, ne vendaient rien et voyaient leurs ouvriers les abandonner ou exiger impérieusement des salaires qui accéléraient la ruine. Quant au peuple, il rêvait des améliorations insensées et il suffisait que le premier venu proposât d'aller demander telle ou telle chose au gouvernement provisoire, pour qu'aussitôt la foule se joignît à lui pour se diriger sur la place de Grève. On ne voyait que manifestations ; c'est ainsi qu'on appelait ces rassemblements de demandeurs. Je me rappelle qu'un jour, revenant de Notre-Dame, je rencontrai une bande d'hommes et de femmes, un drapeau en tête, se rendant avec force vociférations auprès du gouvernement provisoire. Je m'approchai d'un jeune homme d'une figure honnête, à qui je demandai ce qu'ils voulaient et ce qu'ils criaient ; il me répondit qu'ils allaient demander au gouvernement l'expulsion des Savoyards de Paris. Je me permis de dire à ce pétitionnaire inoffensif que les Savoyards étaient de bien honnêtes gens ; il en convint, mais il n'en rejoignit pas moins sa bande en criant : *A bas les Savoyards !*

On n'en finirait pas si on voulait raconter toutes les absurdités de cette malheureuse époque, et je laisse à d'autres la tâche de les redire en détail ; pour mon compte, je n'ai éprouvé aucun dommage de la révolution de 1848. Mon frère Alban mourut en 1851, devançant de peu de mois son frère jumeau François, atteint plus anciennement de la même maladie. La mort de ces deux bons frères que j'aimais tendrement, auxquels je n'aurais pas dû survivre, fut pour moi un bien grand chagrin. De huit frères que j'ai eus, je n'en conserve plus qu'un seul (Baptiste), et ce n'est pas un des moindres malheurs de vieillir que celui de voir disparaître ceux qu'on a aimés sur cette terre. Alban et François, mes cadets de deux ans, s'étaient de bonne heure occupés de littérature, et quoiqu'ils n'eussent pas eu une meilleure éducation que moi, ils étaient arrivés tous deux à faire partie, l'un de l'Académie des sciences morales, et l'autre de l'Institut. Tous deux ont laissé des ouvrages estimés.

Cependant la révolution de 1848, avalanche d'idées républicaines et d'absurdités, suivait son cours, ne trouvant d'autres réformes à faire que de s'appeler citoyen et de renouveler la coupe du gilet de Robespierre et les fêtes d'une autre révolution autrement organisée; la fortune publique allait toujours décroissant, et il était évident pour tout homme un peu clairvoyant qu'un tel état ne pouvait durer. Comment en sortirait-on? Là était l'embarras, et pour ma part j'étais bien convaincu que ce ne serait que par le sabre.

Nous étions revenus à la campagne où l'on était fort calme et où le léger enthousiasme qu'avait d'abord excité la république avait bien vite cessé par suite de l'impôt des 45 centimes et de l'avilissement du prix de toutes les denrées; aussi les bonnes gens disaient-ils qu'il fallait un roi pour faire vendre leurs veaux. Ce fut dans ce moment qu'on me proposa, pour ma fille Marguerite, le vicomte de Réviers de Mauny, et les préoccupations du père remplacèrent celles du Français inquiet de l'avenir de son pays.

Tout ce que je sus du caractère du gendre que l'on me proposait me décida à lui confier le sort de cette excellente fille, qui voulait se consacrer à ses vieux parents, et qui ne céda pas sans une généreuse résistance aux instances que sa mère et moi crûmes devoir lui faire pour changer d'état. La certitude de ne pas nous séparer de notre enfant adoucit la pensée que nous n'allions plus être son premier intérêt, et cette nature d'élite a su nous prouver, sans se démentir un seul jour, qu'il y avait place, dans son cœur, pour toutes les affections, et son époux, en se dévouant à sa nouvelle famille, nous a montré qu'on pouvait trouver un fils dans un gendre.

Le mariage de Marguerite se fit l'année suivante, en 1849, à Paris, qui avait repris son aspect calme sous l'empire du bon sens public. Selon l'usage adopté maintenant, les mariés partirent au sortir de la messe nuptiale et ma femme et moi revînmes à Bois-le-Roy, un peu tristes de notre isolement, attendant le moment de changer notre vie à trois, en une vie à quatre, nombre qui devait depuis s'augmenter indéfiniment peut-être. Nous passâmes, à Bois-le-Roy, l'été avec nos enfants, et nous revînmes à la fin de l'année à Paris, où ma fille nous donna un garçon dont je fus le parrain ; lequel a depuis été suivi de trois autres. Nous avons pris un appartement à Paris où nous passons nos hivers, et ma vie s'écoule doucement, sans secousses ni sans évé- nements importants. Je suis arrivé à l'âge de 74 ans, sans véritables infirmités, je me résigne et j'attends.

FIN

PARIS. — IMP. SIMON RAÇON ET COMP., RUE D'ERFURTH, 1